Christine Axmann, Frank Becker, Beate Döring, Fabian Grabbe, Karin Haller, Almut Küppers, Ursula Lassert, Jutta von der Lühe, Hannelore Maier

Deutsch 200 Diktate

5.–10. Schuljahr

TRAINING

Klett Lernen und Wissen

Die Diktate wurden geschrieben von:
Christine Axmann: Seite 69, 97, 146–148, 164/165, 193–195
Frank Becker: Seite 56–58, 112–114, 127, 134–136, 206–208
Beate Döring: Seite 23–26, 49–51, 143, 196–199
Fabian Grabbe / Almut Küppers: Seite 19–22, 45–48, 70–77, 98–108, 119–121, 132/133, 144/145, 158/159, 177–179
Karin Haller: Seite 27–30, 53–55, 78–81, 109–111, 124–126, 129, 137, 139, 149–151, 162/163, 180–184
Ursula Lassert: Seite 11–18, 35–44, 59–68, 86–92, 94–96, 115–118, 122/123, 130/131, 140–142, 153–157, 160/161, 166–170, 176, 188–192
Jutta von der Lühe: Seite 31–34, 82–85, 138, 152, 171, 185–187, 204/205, 209/210
Hannelore Maier: Seite 93, 128, 172–175, 200–203

Bibliographische Information Der Deutschen Bibliothek
Die Deutsche Bibliothek verzeichnet diese Publikation in der Deutschen Nationalbibliographie; detaillierte bibliographische Daten sind im Internet über http://dnb.ddb.de abrufbar.

Auflage 4. 3. 2. | 2009 2008 2007
Die letzten Zahlen bezeichnen jeweils die Auflage und das Jahr des Druckes.
Dieses Werk folgt der reformierten Rechtschreibung und Zeichensetzung.

Internetadresse: www.klett.de
Zeichnungen: Andreas Florian, Lübeck: S. 16, 37, 40, 45, 60, 63, 67, 71, 72, 77, 86, 89, 90, 92, 95, 98, 107, 115, 116, 118, 131, 132, 145, 167, 171, 173, 174, 178, 180, 182, 199; Sven Palmowski, Barcelona: S. 15, 35, 42, 46, 64, 69, 76, 101, 105, 121, 134, 139, 142, 154
Umschlaggestaltung: VIER FÜR TEXAS* Ideenwerk, Frankfurt/Main
Satz: Klaus Bauer, Bondorf
Reproduktion: Meyle + Müller, Medien-Management, Pforzheim
Druck: Mediahaus Biering GmbH, München
Printed in Germany.
ISBN-13: 978-3-12-927073-8
ISBN-10: 3-12-927073-6

9 783129 270738

Schuljahr 7/8

Schuljahr 9/10

4 Dehnung und Schärfung

Schuljahr 5/6

Schuljahr 7/8

6 Fremdwörter

Schuljahr 5/6

Schuljahr 7/8

Schuljahr 9/10

7 Zeichensetzung

Schuljahr 5/6

Schuljahr 7/8

Schuljahr 9/10

8 Schreibung mit Bindestrich

Schuljahr 5/6

Schuljahr 7/8

Schuljahr 9/10

9 Alle Phänomene

Schuljahr 5/6

Liebe Schülerin, lieber Schüler,

dieser Diktatband will dir helfen, dich in der Rechtschreibung fit zu machen. Alle Bereiche der Rechtschreibung werden darin geübt.

Innerhalb eines Kapitels sind die Diktate nach Schuljahren geordnet. Unter jedem Diktat steht die Wörteranzahl. Schwierige Wörter sind im Text blau hervorgehoben, und in den blauen Regelkästen findest du die passenden Rechtschreibregeln dazu. Nachdem in acht Kapiteln alle Bereiche einzeln behandelt wurden, kommen im letzten Kapitel alle Schwierigkeiten kombiniert vor.

Am besten ist es, wenn du dir das Diktat diktieren lässt, vielleicht von einer Freundin oder einem Freund. Ihr könnt euch die Diktate auch abwechselnd diktieren. Zuerst sollte dir der Text ganz vorgelesen und anschließend Satz für Satz langsam diktiert werden. Am Ende wird der gesamte Text noch einmal vorgelesen, damit du die Möglichkeit hast, dich zu kontrollieren.

Du kannst aber auch ein Selbstdiktat schreiben, wenn du das Diktat aufnimmst. Lies den Text zunächst laut und deutlich und nicht zu schnell. Diktiere dir dann langsam Satz für Satz. Bei längeren Sätzen kannst du nach Sinneinheiten eine Pause machen. Achte dabei auf Kommas, sie ergeben schon Sinneinheiten. Lies auch hier zum Schluss noch einmal den ganzen Text zur Überprüfung.

Dann sieh sofort nach, ob du Fehler gemacht hast. Wo warst du beim Schreiben unsicher? Wenn du jetzt nachschaust, wie diese Wörter geschrieben werden und die Erklärungen dazu nachliest, wirst du dir das richtig geschriebene Wort gut einprägen können.

Auch das Abschreiben eines Diktates hilft dir beim Einprägen der Wörter.

Nun wünschen wir dir viel Erfolg mit „Training Diktat“.

Max 8.2.08 5 Fehler
30.8.08 6

Der Wolf – Feind oder Freund?

Eines Tages bemerkten die Menschen hier in Europa voll Freude und Stolz, dass es ihnen gelungen war, den Wolf fast völlig auszurotten. Mit Gift, Fallen und Gewehren hatten sie gegen ihn gekämpft. Ganze Wälder hatten sie seinetwegen abgebrannt.

Jahrhundertelang sprachen die Menschen nur voll Angst und Schrecken vom „bösen Wolf". Sie waren entschlossen, ihn mit allen Mitteln auszurotten. Denn schon bei dem bloßen Gedanken an dieses Tier wurde ihnen angst und bange. Sie gaben ihm die Schuld an jedem verschwundenen oder getöteten Tier aus ihren Herden.

Erst heute wissen wir, wie wichtig auch der Wolf in der Natur ist. Seine Bedeutung wird nicht mehr infrage gestellt, denn seit es den Wolf nicht mehr gibt, kommt es immer wieder zu Fuchsplagen. Füchse haben heute keinen natürlichen Feind mehr.

Wörteranzahl: 127

Großgeschrieben wird der Satzanfang.

Eigennamen werden großgeschrieben: **Europa**

Substantive werden großgeschrieben: **Freude, Stolz, Wolf, Menschen**

Großgeschrieben werden auch zusammengesetzte Substantive: **Fuchsplagen**

Wörter wie „angst", „bange", „feind", „gram", „klasse", „leid", „pleite", „recht", „schuld", „spitze", „unrecht", „weh" werden in Verbindung mit den Verben „sein", „bleiben" oder „werden" kleingeschrieben: **Er ist schuld. Mir wird angst und bange.**

Für einige Wörter gibt es zwei Schreibweisen: **infrage stellen, in Frage stellen**

Der Kampf um den Pfeffer

Heute kannst du in jedem Lebensmittelgeschäft weißen, grünen und schwarzen Pfeffer kaufen. Er war nicht immer so einfach zu bekommen.

Jahrhundertelang wurden erbitterte Kämpfe um den indischen Pfeffer geführt. Im Mittelalter konnten sich nur die Reichen dieses Gewürz leisten, denn die Preise dafür waren „gepfeffert". Die arabischen und die venezianischen Kaufleute wurden reich daran.

Das ärgerte nicht nur die Lübecker und Frankfurter Kaufleute sehr, sondern die Händler aus ganz Europa. So wurde immer wieder heftig um das Verkaufsrecht gekämpft. Das hatte erst ein Ende, als fast alle europäischen Länder Kolonien in Übersee hatten, wo sie den Pfeffer dann selbst anbauen konnten. Übrigens, alle Pfeffersorten kommen vom gleichen Pfefferstrauch.

Wörteranzahl: 108

Adjektive werden kleingeschrieben: **weiß**

Ableitungen von geographischen Eigennamen auf -er werden großgeschrieben: **Lübecker Kaufleute**

Substantivierte Adjektive werden großgeschrieben. Dann steht meistens ein Artikel davor: **die Reichen**

München, den 1.8.2006

Liebe Laura!

Die Ferien auf eurem Bauernhof waren herrlich. Es war wirklich toll, dass du mir so viel gezeigt hast. Am schönsten war, auf deinem Pony zu reiten und mit deinen Kätzchen zu spielen. Denk nur, gestern Morgen habe ich mir einen Hamster gekauft. Wenn du nun zu mir kommst, habe ich also auch ein Tier.

Bei dieser Gelegenheit möchte ich mich, liebe Frau Riedel, auch noch einmal bei Ihnen und Ihrem Mann bedanken. Fein, dass Sie mir so viel Interessantes gezeigt und erklärt haben. Jetzt weiß ich sehr viel mehr über Ihr Leben auf einem so großen Bauernhof. Auch werde ich noch oft an die vielen schönen Ausflüge denken, die Sie mit uns gemacht haben.

Viele liebe Grüße an alle Bewohner des Kastanienhofes

deine/Ihre Mara Schulz

Wörteranzahl: 126

Pronomen werden kleingeschrieben: **ich, sie, mir, sein**

In Briefen können Anredepronomen an vertraute Personen klein- oder großgeschrieben werden: **du/Du, dir/Dir, euch/Euch**

Das Anredepronomen „Sie" und die zugehörigen flektierten Formen und Possessivpronomen werden großgeschrieben: **Sie, Ihnen, Ihr**

Tageszeiten nach „gestern", „vorgestern", „heute", „morgen", „übermorgen" werden großgeschrieben: **gestern Morgen**

Auf den Hund gekommen

Wer sich heute einen Hund anschaffen will, hat eine große Auswahl. So kann er z. B. zwischen verschiedenen Arten von Jagd- und Spürhunden oder Wach- und Schmusehunden wählen. Er sollte sich sehr gut überlegen, welcher Hund am besten zu ihm passt und wozu er ihn braucht.

Soll das Tier zum Schmusen oder zum Spielen sein? Soll er beim Jagen oder Wachen helfen? Schäferhunde eignen sich besonders gut zum Hüten von Schafen, Bulldoggen mehr zum Wachen und Kämpfen. Windhunde lieben das Wettrennen.

Da Hunde sehr anpassungsfähig sind, haben sie sich im Laufe der Jahrtausende zum Begleiter und Helfer des Menschen entwickelt. Inzwischen sind über 400 Hunderassen gezüchtet worden, deren gemeinsamer Vorfahre der Wolf ist.

Wörteranzahl: 112

Verben werden großgeschrieben, wenn sie als Substantiv gebraucht werden. Dann stehen sie meistens nach
- einem Artikel: **das Wettrennen**
- einem Adjektiv: **lautes Lachen**
- einem Pronomen: **mein Kichern**
- Präpositionen: **zum Schmusen, zum Wachen, beim Jagen**

Superlative mit „am" werden kleingeschrieben, wenn man mit „Wie?" danach fragen kann: **am besten**

Bei den Affen

Hui, welch ein Sprung! Fast 12 Meter weit ist er durch die Luft geflogen – Jojo, der silbergraue Gibbon im Krefelder Zoo. Beim Klettern und Springen in luftiger Höhe fühlt er sich so richtig wohl.

Behände greift er mit seinen langen Armen von Ast zu Ast. Beim Hangeln durch die Bäume kann er eine Geschwindigkeit von bis zu 50 Kilometer pro Stunde erreichen. Übermütig hängt er nun kopfüber an einem dicken Ast. Das Herabbaumeln scheint er richtig zu genießen.

Lautes Kreischen aus dem Nebengehege lässt die Zuschauer erschreckt zusammenfahren. Vater Gorilla hat eins der Kinder vom Felsen gestoßen. Beim Fressen und Träumen hat er niemanden gerne in seiner Nähe, schon gar nicht herumzappelnde Kinder. Furchterregend richtet er sich zu seiner vollen Größe auf, um durch heftiges Trommeln auf seiner Brust noch einmal allen Anwesenden deutlich zu machen, wer der Herr im Haus ist.

Wörteranzahl: 142

Großschreibung von Verben, wenn diese als Substantive gebraucht werden: **das Herabbaumeln, lautes Kreischen, beim Fressen**

Eine Fahrt ins Blaue

In den vergangenen Ferien machten Hannes, Kai und Peter eine Fahrradtour ins Blaue.

Sie nahmen ihr kleines Zelt und ihre Schlafsäcke mit. In ihrem Rucksack hatten sie viel Kühles zum Trinken und allerlei Leckeres zum Essen. Das sei doch endlich mal etwas Neues, etwas richtig Spannendes hatte Peter ausgerufen, als Kai diese Fahrt vorgeschlagen hatte.

Schon morgens im Dunkeln waren sie abgefahren, denn sie wollten so weit wie möglich kommen. Als es Abend wurde, machten sie auf einer Wiese Rast. Sie bauten ihr Zelt auf, zündeten ein Lagerfeuer an und genossen die Stille. Herrlich war es, so im Grünen zu sitzen und den Duft des Heus zu genießen. Da es warm und trocken genug war, konnten sie sogar im Freien schlafen.

Wörteranzahl: 121

Großschreibung von Adjektiven, wenn sie als Substantive gebraucht werden: **etwas Neues, im Freien**

Auf dem Weihnachtsmarkt

Seit zwei Jahren gab es einen wunderschönen Weihnachtsmarkt in der Stadt. Dort fand man alles, was das Herz begehrte: wunderschön geschnitztes Holzspielzeug, Schmuck und Edelsteine, Gemaltes und Gebasteltes.

Von weit her kamen die Besucher und jedes Jahr wurden es mehr. Was die Leute so besonders anzog, das waren die Köstlichkeiten aus den verschiedensten Städten und Ländern.

So gab es dort einen Stand mit Thüringer Bratwurst, mit Wiener Schnitzel und Frankfurter Würstchen. An einem anderen Stand wurden Nürnberger Lebkuchen, Dresdner Stollen und Lübecker Marzipan angeboten. Wieder an einem anderen gab es Schweizer Käse, Kieler Sprotten, Königsberger Klopse und Schwarzwälder Schinken. Ganz zu schweigen von all den wohlschmeckenden Getränken! Wie soll man sich bei so viel leckeren Sachen nur entscheiden?

Wörteranzahl: 118

Großschreibung bei Ableitungen von geographischen Eigennamen auf -er: **Wiener Schnitzel**

Tagesausflug an den Rhein

Im letzten Monat machte die Klasse 5c an einem Mittwochmorgen einen Ausflug an den Rhein.

Gleich morgens früh um 7 Uhr ging es mit dem Zug von Duisburg nach Königswinter. Sie gehörten zu den ersten Fahrgästen, die mit der Zahnradbahn auf den Drachenfels hinauffuhren. Sie betrachteten die wenigen übrig gebliebenen Mauern der Drachenfelsburg und genossen den herrlichen Weitblick über das Siebengebirge und die Eifel.

Die Welt sei morgens viel schöner als abends, meinten einige Schülerinnen. Andere fanden, dass nachmittags die schönste Tageszeit sei.

Gegen Mittag fuhren sie weiter den Rhein hinauf. Im Laufe des Nachmittags besichtigten sie die Marxburg, die einzige Burg am Rhein, die nie zerstört worden ist.

Am Abend kehrten sie müde nach Hause zurück.

Wörteranzahl: 117

Großschreibung von Zeitangaben, wenn ein Artikel, Pronomen oder eine Präposition davor steht: **gegen Abend, des Nachmittags**

Kleinschreibung von Zeitangaben mit Endungs-s ohne Artikel: **morgens**

Eine Tüte Ungeheuerliches

Walter ist etwas Ungeheuerliches passiert. In der Nacht vor seinem ersten Schultag hatte er etwas Komisches geträumt. Alle Lehrer spielten in Schlafanzügen Fußball. Leider war der erste Tag an der Schule dann gar nichts Besonderes. Das viele Zuhören hatte ihn schnell ermüdet und das Geradesitzen war ganz schön anstrengend. Weil die Fragen des Lehrers so leicht waren, hatte er vom Melden einen steifen Arm bekommen. Als er nach dem Unterricht zu Hause endlich die Schultüte aufmachen durfte, blieb ihm das Lachen im Halse stecken. Die Tüte war bis zum Rand voll mit Müll. Alte Verpackungen, Dosen und Papier, nur etwas Süßes war in dem Abfallberg nicht zu finden. „So etwas Blödes kann sich nur mein Bruder ausgedacht haben", dachte sich Walter und schwor Rache.

Wörteranzahl: 124

Nach Wörtern wie „alles", „allerlei", „etwas", „genug", „nichts", „viel", „wenig" schreibt man Adjektive groß: **etwas Ungeheuerliches, etwas Komisches, nichts Besonderes**

Substantivierte Verben werden großgeschrieben. Meist steht vor dem Verb ein Artikel: **das Lachen, vom** (= von dem) **Melden**

Kamel Karla kaut Kaugummi

Das Kamel Karla wohnt am Toten Meer und kaut gern Kaugummi. Als Technische Leiterin der Internationalen Vereinigung für Reitkamele schreibt sie dem Ersten Vorsitzenden der Kölner Kaugummifirma „Guter Geschmack“ einen Brief.

Sehr geehrter Herr Speichel,

bitte tun Sie mir einen Gefallen. Hören Sie auf, Ihre Kaugummiautomaten im Nahen Osten mit Bananenkaugummis zu füllen. Erstens verlieren sie viel zu schnell ihren Geschmack. Zweitens sind Ihre Kaugummikugeln zu groß und bleiben bei Vollmond immer im Kaugummiautomaten stecken. Und drittens kauen wir Reitkamele viel lieber Erdbeerkaugummis und Pfefferminzkaugummis. Falls Sie unserer Bitte nicht nachkommen können, werden wir uns nach einem anderen Kaugummilieferanten umsehen. Eine Firma aus der Lüneburger Heide hat uns ein sehr verlockendes Angebot unterbreitet.
In der Hoffnung bald von Ihnen zu hören,

Ihre Karla

Wörteranzahl: 123

Die höfliche Anredeform „Sie“ und ihre Flexionen werden großgeschrieben.

Geographische Eigennamen werden großgeschrieben:
Totes Meer, Lüneburger Heide

Titel, Amts- und Funktionsbezeichnungen werden großgeschrieben:
Technische Leiterin, Erste Vorsitzende
Aber: Als reine Berufsbezeichnung klein: **Sie ist technische Zeichnerin.**

Namen von Organisationen, Firmen, Verbänden usw. werden großgeschrieben: **Internationale Vereinigung für Reitkamele**

Lena räumt auf

Gestern Nacht hatte Lena einen wilden Traum. Sie hatte wie jeden Abend vor dem Schlafengehen ihren Kakao getrunken und anschließend einen Kopfstand gemacht. Nach dem Lichtausmachen wuchs sie auf einmal in den Himmel. Zuerst hatte sie ziemliche Angst, weil sie beim Wachsen ein Loch ins Dach bohrte und dabei einige Dachziegel auf die Straße fielen. Doch dann fand sie das Ganze sehr lustig. Sie pflückte die ganze Nacht Sterne vom Himmel und legte sie auf die Erde. Als sie morgens fertig war, hatte sie plötzlich eine Idee. „An die leeren Haken am Himmel könnte ich Autos hängen“, dachte Lena. „Wenn ich schnell mache, bin ich übermorgen Mittag fertig.“ Sie arbeitete von morgens bis abends und hatte schon nach einem Tag ganz Europa von den vielen Autos befreit.

Wörteranzahl: 127

Tageszeiten werden großgeschrieben, wenn sie in Verbindung mit „heute“, „(vor)gestern“, „(über)morgen“ stehen: **gestern Nacht**

Viele Adverbien, die Tageszeiten angeben, werden durch ein angehängtes „-s“ von einem Substantiv abgeleitet und kleingeschrieben: **abends, morgens**

Substantivierte Verben schreibt man groß. Diese stehen nach einem Artikel oder einer Präposition: **beim Wachsen**

Auch Adjektive können die Form eines Substantivs annehmen: **das Ganze**

Lernen tut weh!

Opa Karl behauptet, dass Lernen nicht schmerzhaft ist. Ich behaupte das Gegenteil, denn aus Erfahrung weiß ich, dass Lernen großes Leiden verursacht. Außerdem vermute ich, dass Opa Karl zur Beurteilung einer so schrecklichen Sache der nötige Ernst fehlt. Es gibt nichts Unangenehmeres, als Vokabeln auswendig zu lernen. Auch beim Lesen kann es doch jeder deutlich spüren. Wenn ich morgens in Schulbüchern lesen muss, könnte ich brüllen vor Schmerzen. Das Schlimmste ist das Vorlesen von Physiktexten. Es kann mir keiner sagen, dass das keine Qual ist. Deswegen halte ich mich an Professor Einstein, der gesagt haben soll, dass man das Lernen den Pferden überlassen solle. Im Großen und Ganzen stimmt das ja wohl.

Wörteranzahl: 112

Werden Verben als Substantiv verwendet, schreibt man sie groß.
Substantivierte Verben stehen nach
- einem Artikel: **das Vorlesen**
- einem Adjektiv: **großes Leiden**
- einer Präposition: **beim Lesen**

Auch Adjektive, die als Substantiv verwendet werden, schreibt man groß. Sie stehen
- nach Artikeln: **das Schlimmste**
- nach unbestimmten Mengenangaben: **nichts Unangenehmeres**
- in einer Paarformel: **im Großen und Ganzen**

Tagesablauf eines Popstars

Wenn sich Sascha aus dem Bett erhebt, ist es bereits Mittag. Die meisten Menschen haben bis dahin ihren halben Arbeitstag hinter sich. Wenn man bedenkt, um welche Uhrzeit ein armer Schüler morgens das Bett verlassen muss, könnte man schon neidisch werden. Man beachte außerdem, dass viele Musiksendungen erst am Abend ausgestrahlt werden, besagter Schüler abends spät ins Bett kommt und des Nachts schlecht schläft, weil er von der Klassenarbeit am nächsten Morgen träumt.

Popsänger Sascha hat um ein Uhr mittags seinen ersten Termin: eine Besprechung mit dem Manager. Am frühen Nachmittag würde er gerne ins Studio gehen, aber der Werbevertrag muss neu ausgehandelt werden. Sascha macht freitags immer Krafttraining, für das er heute Nachmittag allerdings nur wenig Zeit hat. Diesen Freitagabend steht nämlich ein Fernsehtermin im Kalender, für den er nachmittags um fünf schon in der Maske sein soll. Erst nach Mitternacht sinkt er schließlich müde und erschöpft ins Bett.

Wörteranzahl: 150

Großschreibung von Tageszeiten
- als Substantiv: es ist **Mittag, am nächsten Morgen**
- in Verbindung mit „heute“, „(vor)gestern“, „(über)morgen“: **heute Nachmittag**
- in Verbindung mit Wochentagen: diesen **Freitagabend**

Kleinschreibung von Tageszeiten
- Wochentage, wenn ein „s“ angehängt ist: **freitags**
- Adverbien mit angehängtem „s“: **abends, nachmittags**

Haben Sie Angst vor Hunden?

Sehr geehrter Herr Singer,

ich wende mich an Sie mit einer dringenden Bitte:

Mehrfach habe ich beobachtet, wie Sie Ihren Hund ausgeführt haben. Da Sie einen Pitbull besitzen, der zu den Kampfhunden zählt, gehe ich Ihnen aus dem Weg. Freia heißt die Hündin, die Sie Ihr Eigen nennen, und es tut mir leid sagen zu müssen, dass sie nicht gut auf Sie hört. Nicht nur mir, sondern auch allen Schulkindern, die auf diesem Weg laufen, wird angst und bange beim Anblick Freias. Die Hündin könnte leicht eines der Schulkinder angreifen, denn sie trägt keinen Maulkorb. Da ihre Angriffslust jederzeit zum Ausbruch kommen kann, sollten Sie sich im Klaren darüber sein, dass Sie Ihre Mitmenschen in Gefahr bringen. Nach den schrecklichen Todesfällen und dem inzwischen beschlossenen Importverbot für Kampfhunde fordere ich Sie dringend auf, Ihre Hündin mit Maulkorb und auf einer anderen Wegstrecke auszuführen als auf dem Schulweg.

Mir ist damit sehr ernst

Ihr Pit Bauer

Wörteranzahl: 155

Großschreibung der Höflichkeitsanrede: **Sie, Ihre, Ihnen**

Großschreibung von Substantiven, die mit Verben ein festes Gefüge bilden: **ihr Eigen nennen**

Ausnahme:
Wörter wie „angst“, „bange“, „feind“, „gram“, „klasse“, „leid“, „pleite“, „recht“, „schuld“, „spitze“, „unrecht“, „weh“ werden in Verbindung mit den Verben „sein“, „bleiben“ oder „werden“ kleingeschrieben:
Er ist schuld. Mir wird angst und bange.

Wenn der erste Bestandteil nicht fest mit dem Verb zusammengesetzt ist: **wie leid es ihm tat (leidtun)**

Großschreibung substantivierter Adjektive: **im Klaren sein**

Wohin ins Schullandheim?

Die Klasse 8c möchte im April oder Juni ins Schullandheim gehen. Verschiedene Ziele stehen zur Debatte: Ein Teil der Klasse möchte ins Mittelgebirge fahren zum Wandern, etwa in den Schwarzwald oder den Bayerischen Wald. Man könnte dort auch einiges besichtigen, zum Beispiel eine Werkstatt für die berühmten Schwarzwälder Kuckucksuhren oder vielleicht eine bayerische Bierbrauerei.

Einige Schüler schlagen das Kleine Walsertal im Grenzgebiet zwischen Deutschland und Österreich vor. Auch dort stände Wandern auf dem Programm, eventuell sogar eine besonders geführte Klettertour.

Ein weiterer Vorschlag sind die neuen Bundesländer; man würde viel Neues kennen lernen, Städte besichtigen und Wirkungsstätten bedeutender Dichter und Komponisten aufsuchen. Man könnte sehen, wo Goethe gedichtet hat oder wo das Bach'sche Weihnachtsoratorium komponiert wurde. Außerdem gibt es die Sächsische Schweiz mit Ausflugsmöglichkeiten.

Als Kontrastprogramm dazu schlagen manche einen Aufenthalt an der Nordsee vor, speziell auf einer Nordfriesischen Insel oder einer Hallig. Dort könnte das Meer hautnah erlebt werden.

Wörteranzahl: 150

Großschreibung
- substantivierte Verben und Adjektive: **zum Wandern, viel Neues**
- Adjektive als Teile geographischer Namen: **Kleines Walsertal, Sächsische Schweiz**
- Ableitungen von geographischen Bezeichnungen auf -er: **Schwarzwälder Kuckucksuhren**
- Verbindungen mit Eigennamen und Schreibung mit Apostroph: **Bach'sches Oratorium** (Schreibung **bachsches Oratorium** ist auch möglich.)

Kleinschreibung
Adjektive aus Eigennamen auf -isch oder -sch: **bayerische Brauerei**

Was für ein Tag!

Als Erstes wachte ich heute früh schon mit Bauchschmerzen auf. Zum Frühstück war die Milch sauer, und dann verpasste ich auch noch den Bus. Die Linie sechs war ohne mich abgefahren, so musste ich die Vier nehmen und kam zu spät zur Schule. Wo war denn meine Klasse?

Ach du Schreck, ich hatte vergessen, dass wir heute in Raum zehn eine kleine Abschlussfeier machen wollten, und zu guter Letzt gab es auch noch Zeugnisse. So ein schwarzer Tag! War heute etwa Freitag der Dreizehnte?

Wie schön war doch dagegen die Grundschule, in der ich nur Einsen und Zweien hatte. Aber jetzt in der siebten Klasse sind Dreien und Vieren an der Tagesordnung. Hoffentlich ist keine Fünf dabei: In Biologie stehe ich auf vier Komma fünf, doch zum Glück zählt das Mündliche ein Drittel, so werde ich es gerade noch schaffen.

„Pia, es ist halb sieben, aufstehen!“, ruft es von unten. „Heute ist der letzte Schultag.“

Wörteranzahl: 155

Großschreibung von Zahlwörtern
Zahlwörter als Substantive und als Ordnungszahlen: **als Erstes, der Dreizehnte, die Vier, Dreien** und **Vieren, zu guter Letzt**

Kleinschreibung von Zahlwörtern
- Zahlwörter als Adjektive: **in der siebten Klasse, der letzte Schultag**
- Zahlwörter als Grundzahlen: Linie **sechs**, Raum **zehn**

Der Traum vom Fliegen

Im Großen und Ganzen verfolgt dieser Traum schon die ganze Menschheit. In den Sagen der alten Griechen erfüllte sich dieses Wunschdenken durch Ankleben von Vogelfedern mit Wachs an die Gliedmaßen. Vor lauter Euphorie über dieses neue Erleben vergaß Ikarus aber die Warnungen seines Vaters, die Federn nicht nass werden zu lassen und der Sonne nicht zu nahe zu kommen, sodass das Wachs schmelzen konnte. Sein Absturz war zu Recht die Folge. Sinnbildlich steht das für die tragischen Rückschläge, die die Menschen einstecken mussten auf ihrem weiten Weg zum Fliegenkönnen.
Zur Zeit der Französischen Revolution fanden die spektakulären Flüge der Brüder Montgolfier mit dem Heißluftballon statt.
Die Brüder Wright begannen um 1900 mit Modellflugversuchen und ersten Gleitflügen. 1903 begannen sie bereits mit einem motorisierten Flugzeug zu fliegen – erst nur knappe 300 m weit, die sie dann allmählich bis auf Streckenlängen von 45 km ausdehnten. Sie gelten als die eigentlichen Pioniere des Motorflugs.
Und Charles Lindbergh überquerte als Erster den Großen Teich von New York bis Paris in 33 ½ Stunden.
Eigentlich können wir uns heute kaum mehr vorstellen, dass es das Flugzeug noch nicht einmal 100 Jahre lang gibt. Dabei ist es in unserer zivilisierten Welt fast schon etwas Alltägliches, ganz gewiss aber etwas Selbstverständliches geworden.

Wörteranzahl: 204

Großschreibung
- substantivierte Verben: **durch Ankleben**
- Eigennamen, geschichtliche Ereignisse: **Französische Revolution**
- Ordinalzahlen: **als Erster**
- Wörter nach unbestimmten Zahlwörtern: **etwas Alltägliches**
- feste Redewendungen, oft als Paarformel: **im Großen und Ganzen**
- Substantive in festen Gefügen: **zu Recht**

Nachtschwärmer

Bisher dachte Julia, dass sie über Fledermäuse bestens Bescheid weiß. Aber als sie gestern Abend im Biologiebuch zufällig auf die betreffenden Textstellen stieß, wollte sie Näheres wissen.
Diese possierlichen Wesen werden in der Abenddämmerung aktiv. Sie verlassen sich im Übrigen nicht auf ihre Augen, sondern ertasten ihre Umgebung mithilfe des Ultraschalls. Dabei stoßen sie selbst Ultraschallwellen aus, die dann an einem möglichen Hindernis abprallen und beim Zurückkehren zum Fledermausohr ausgewertet werden. Dies geschieht alles in hundertstel Sekunden.
Wenn wir am Abendhimmel ein Heer von Fledermäusen entdecken, sind es wohl gleich an die hundert. Dabei gibt es unzählige von Fledermausarten. Allen gemeinsam ist, dass sie ihre Jungen lebend gebären, zu den Säugetieren gehören und einen Winterschlaf halten. In dieser Zeit können sie ihre Körperfunktionen bis auf weiteres so herabsetzen, dass sie ohne Nahrungsaufnahme den Winter überleben. Aus diesem Grund hat Julia Recht, wenn sie ihre Freunde warnt, keine Fledermäuse im Winterquartier aufzustöbern. Erschrecken sie und werden wach, kann der Energieverlust zu ihrem Tod führen. Sie weiß nun: Sämtliche Fledermäuse bei uns stehen auf der Roten Liste, d. h. sie sind vom Aussterben bedroht.

Wörteranzahl: 182

Großschreibung
- Tageszeiten nach „heute", „gestern", „morgen": **gestern Abend**
- Substantivierte Verben/Adverbien: **vom Aussterben**
- Substantive in festen Begriffen: **in Bezug, Bescheid wissen**
- Eigennamen und Titel: **Rote Liste**

Groß- und Kleinschreibung
- Kardinalzahlen unter einer Million normalerweise klein: **an die hundert**
  Ist eine unbestimmte nicht in Ziffern schreibbare Menge gemeint, können sie auch großgeschrieben werden: **an die Hundert**
- Steht vor einer festen Verbindung aus Präposition und dekliniertem Adjektiv kein Artikel, kann groß- oder kleingeschrieben werden: **bis auf weiteres/Weiteres**
- Ebenfalls kann groß- oder kleingeschrieben werden bei Fügungen in präpositionaler Verwendung: **mithilfe, mit Hilfe**

Miteinander – nebeneinander?

Für alles gibt es ein Für und Wider. Sollen nun Jungen und Mädchen gemeinsam die Schulbank drücken, oder soll jede Geschlechtergruppe ihre eigene Chance bekommen? Nachgewiesen ist, dass in gemischten Klassen die Mädchen des Öfteren unbewusst benachteiligt werden. Die Jungs sind bei weitem aggressiver in ihrem Verhalten, fordern einfach und kommen bei den Lehrkräften leichter zum Zug. Sie werden eher drangenommen, wenn sie sich gemeldet haben. Ihnen werden Misserfolge eher nachgesehen. Dagegen blühten Mädchen im Allgemeinen auf, wenn sie in den Fächern, die als besonders jungentypisch gelten, losgelöst von den Schulkameraden Unterricht bekamen. Man darf zudem nicht außer Acht lassen, dass sie im Ganzen gesehen meist kooperativer und fleißiger sind – vor allem auch die besseren Noten haben.

Das Wagnis, Jungen und Mädchen auch in der Schule gemeinsam zu erziehen, sollte dennoch eingegangen werden, auch wenn der Weg steiniger und steiler zu sein scheint. Schließlich ist die Schule unter anderem ein Versuchsfeld für alles Weitere, wo dann dieses Miteinander auch funktionieren sollte. Ob in Bezug auf Beruf oder Privatleben: Es hat doch nur Vorzüge, wenn man schon früh gelernt hat, miteinander zu reden, die vorhandenen geschlechtsspezifischen Unterschiede zu erkennen und achten zu lernen, dass es nur eine Bereicherung sein kann, wenn Jungs sich auch in die Denkweise der Mädchen versetzen können und umgekehrt.

Wörteranzahl: 212

Großgeschrieben werden substantivierte Wörter: **ein Für und Wider, im Allgemeinen, des Öfteren, im Ganzen**

Steht vor einer festen Verbindung aus Präposition und dekliniertem Adjektiv kein Artikel, kann groß- oder kleingeschrieben werden: **bei weitem/Weitem**

Gemäßigt

Hast du dir schon mal überlegt, dass wir eigentlich im abwechslungsreichsten Klimagürtel leben? Wenn woanders oft nur zwei unterschiedliche Jahreszeiten stattfinden, haben wir vier. In den heißen Zonen gibt es entweder Trocken- oder Regenzeit, in den kalten Regionen wechseln sich Frost und ein kurzer Sommer ab. Dank des vorbeifließenden Golfstroms ist es bei uns zudem milder, als es allein gesehen vom Breitengrad her wäre. Unsere Jahreszeiten gestalten sich im Einzelnen so:
Der Frühling verkörpert das Wiedererwachen der Natur nach ihrem Winterschlaf. Unvergleichbar ist das zarte Maigrün der ersten frisch entfalteten Blättchen. Unter den ersten wärmenden Sonnenstrahlen atmen wir erleichtert auf, der triste Winter ist vorbei.
Im Sommer können wir dank der angenehmen Temperaturen unsere Aktivitäten ins Freie verlagern. Dem einen gefällt es im Freibad, der andere holt endlich wieder die Inliner hervor, und alle Sportarten im Freien haben Saison.
Im Herbst langt dann die Natur noch mal kräftig zu, sowohl in der Farbenpracht von Blättern und Früchten als auch an einem Überangebot an allem Essbaren, bevor eine rauere Zeit anbricht.
Schließlich beschert uns der Winter mehr Ruhe. Die Natur macht es uns vor: mehr Stille, mehr Zurückgezogensein, mehr Besinnlichkeit. Und dann beginnt es von vorne. Jedes Mal können wir uns auf diesen Kreislauf freuen.

Wörteranzahl: 204

Großschreibung
- substantivierte Verben und Adjektive: **das Wiedererwachen**

Kleinschreibung
- Präpositionen: **dank**
- unbestimmte Zahladjektive: **der andere**, aber: **im Einzelnen** groß!
- feste Begriffe nach einer Präposition: **von vorne**

Schlaflos

Martina kann heute Nacht nicht einschlafen. Am Donnerstagmorgen ist die Englischarbeit fällig, und es müsste ein unglaubliches Wunder geschehen, wenn die Fünf noch abzuwenden wäre! Und übermorgen ist Donnerstag.

Immerhin hat sie heute Nachmittag endlich begonnen, all die nie gelernten Vokabeln einzupauken, und abends wäre sicherlich die Grammatik dran gewesen. Aber dann klingelte das Telefon. Das war nichts Ungewöhnliches. Jeden Dienstagnachmittag ruft Martinas beste Freundin Beate nach der Tennisstunde an und schwärmt stundenlang von Sascha, dem neuen Tennislehrer. Aber heute war keine jubelnde Beate, sondern Bernd am Apparat.

Man muss wissen, dass kein Vormittag vergeht, an dem Martina sich nicht darauf freut, ihren neuen Klassenkameraden aus der Ferne beobachten zu können. Aber bis jetzt schien Bernd sie nie beachtet zu haben, abgesehen davon, dass er gestern Morgen ihren Taschenrechner ausgeliehen hat. Und nun will er doch glatt wissen, wie das Passiv im Englischen geht! Kein Wunder, dass Martina ins Stottern gerät und nicht nur deswegen, weil sie selbst keine Ahnung hat. Nun wollen sie sich morgen Mittag treffen und das Problem gemeinsam anpacken. Und jetzt ist es beinahe 12 Uhr nachts, und Martina kann einfach nicht einschlafen.

Wörteranzahl: 187

Großschreibung
- substantiviert gebrauchte Tageszeiten: an diesem **Nachmittag**
- Tageszeiten nach „heute“, „gestern“, „morgen“: **(gestern) Morgen**
- Verbindungen von Tageszeiten und Wochentagen: **am Donnerstagmorgen, jeden Dienstagnachmittag**
- Substantivierungen: **die Fünf, ins Stottern** (geraten)

Kleinschreibung
- Tageszeiten, die als Adverb gebraucht werden: **heute, nachts**

Das Arbeitsleben

Für manche jungen Menschen bedeutet der Eintritt ins Berufsleben ein unsanftes Erwachen. Natürlich ist es etwas Erfreuliches, wenn man nicht mehr auf das mildtätige Taschengeld der Eltern angewiesen ist, sondern an jedem Ersten seinen Lohn bekommt. Aber das Unangenehme ist, dass man den Geldsegen für eine erheblich verringerte Freizeit eintauschen muss. Früher konnte man manchen Schulvormittag mit Ach und Krach überleben, auch wenn man abends zuvor spät schlafen gegangen war. Aber nun gibt es kein heimliches Dösen mehr. Es ist auch vorbei mit dem Sonnenbaden an einem heißen Sommernachmittag, denn im Allgemeinen dauern Arbeitstage bis fünf Uhr. Und dann der Verlust der Ferien, in denen man sich wochenlang ganz dem Faulenzen hingeben konnte! So betrachtet, erscheint die Schulzeit im Großen und Ganzen ein höchst angenehmer Zeitvertreib zu sein. Denn wenn man als Arbeitnehmer erst sein tägliches Soll erfüllen muss, gibt es meistens kein Zurück mehr. „Genieße den Tag …“, möchte man jedem Schüler in sein Hausaufgabenheft schreiben, aber die Fortsetzung lautet „… und gib dein Bestes!“ Denn nicht nur Ferien, Freunde und Freizeit bestimmen die Schulzeit, sondern die Möglichkeit, das Lernen zu lernen. Dies ist die Voraussetzung für eine zufriedenstellende Zukunft, die immer etwas mit dem Arbeiten zu tun hat.

Wörteranzahl: 199

Bei Substantivierung wird großgeschrieben: **unsanftes Erwachen, das Unangenehme, kein Zurück, (an) jedem Ersten, (mit) Ach und Krach, im Großen und Ganzen**

Kleinschreibung bei Tageszeiten, die als Adverb gebraucht werden: **abends**

Kleider machen Leute?

Seit kurzem verteilt Anna nachmittags Werbebroschüren in ihrem Viertel, denn ihr Taschengeld reicht nicht mehr für ihre Extrawünsche aus. Ihre Eltern sind es leid, ihr diese zu erfüllen, denn es geht um Annas Kleidung. „Ich bin die Einzige in der Klasse, die keine vernünftigen Klamotten hat!“, jammert sie. „Natürlich habe ich genügend Hosen, aber die meisten kommen aus dem Kaufhaus.“ „Da hast du recht!“, erwidert ihre Mutter, „und was ist das Schlimme daran?“ Aber eigentlich meint sie diese Frage nicht ernst, denn sie ist sich darüber im Klaren, worum es Anna geht: Wie viele andere möchte sie mehr Markenkleidung tragen; es geht nämlich schon lange nicht mehr darum, dass ihre Tochter etwas Neues zum Anziehen benötigt. Denn dank der Werbung glauben nicht wenige, dass man nur mit dem richtigen Namen auf den Schuhen und Shirts ein vollgültiges Mitglied der Gemeinschaft ist. „Du tust mir leid, ich glaube nicht, dass deine Kleidung schuld daran ist, wenn du weniger Freunde hast. Und im Übrigen habe ich kein Geld für diese teuren Stücke. Aber es soll mir recht sein, wenn du arbeitest, denn über kurz oder lang wirst du deine Dummheit einsehen!“

Wörteranzahl: 189

Großschreibung
- substantivierte Verben und Adjektive: **(zum) Anziehen, (das) Schlimme, im Klaren, die/der Einzige, im Übrigen**

Kleinschreibung
- die unbestimmten Zahlwörter: **die meisten, viele andere, nicht wenige**
- die Verbindung von „recht“, „schuld“ und „leid“ mit „sein“: **es soll mir recht sein, schuld daran ist, sie sind es leid**
- das Adverb „dank“: **dank der Werbung**
- die als Adverb verwendete Paarformel: **über kurz oder lang**
- die Bestandteile zusammengesetzter Verben: **leidtun, du tust mir leid**

Zwei Schreibweisen gibt es bei: **recht haben, Recht haben**

Reiselust

Wie in der Süddeutschen Zeitung wieder einmal zu lesen war, ist die Reiselust der Deutschen immer noch ungebrochen. Dass man die Pfingstferien an der italienischen Adria verbringt oder an den Faschingstagen in den französischen Alpen Ski fährt, ist beinahe etwas Selbstverständliches. Und was ist die Adventszeit, wenn man nicht einmal den Nürnberger Weihnachtsmarkt besucht hat? Und diejenigen, die ihren Sommerurlaub in den Vereinigten Staaten oder am Roten Meer verbringen, haben noch lange nicht das große Los gezogen. Denn mittlerweile gehört der Tauchurlaub irgendwo in der Dritten Welt oder das Überlebenstraining in den arabischen Wüsten zu den normalen Erfahrungen vieler Touristen. Auch eine wochenlange Fahrt mit der Transsibirischen Eisenbahn mit Anschlussflug zu der Chinesischen Mauer oder zu einer asiatischen Küste des Stillen Ozeans ist nichts Außergewöhnliches mehr. Aber die Urlaubsgäste in den Pensionen des Bayerischen Waldes oder des Alten Landes sind nicht notwendigerweise die schwarzen Schafe: Sie machen nur zwischendurch Erholungsurlaub von ihren Abenteuern in der indonesischen grünen Hölle oder am Kap der Guten Hoffnung bei einem guten Glas Münchner Weißbier und mit Frankfurter Würstchen.

Wörteranzahl: 174

Großschreibung
- von geographischen Ableitungen mit -er: **Frankfurter Würstchen**
- von geographischen Eigennamen: **das Rote Meer, der Bayerische Wald**
- von Eigennamen von Zeitungen: **die Süddeutsche Zeitung**
- von Eigennamen für bestimmte Fahrzeuge: **die Transsibirische Eisenbahn**
- nach Wörtern wie „etwas" und „nichts": **etwas Selbstverständliches, nichts Außergewöhnliches**

Kleinschreibung
- von geographischen Ableitungen mit -isch: **die italienischen Seen**
- von zusammengehörenden Begriffen, die keine Eigennamen sind: **das große Los, die schwarzen Schafe**

Sport mit Spaß

In Gemeinschaft macht Sport mehr Spaß, heißt es. Das stimmt! Und Spaß haben ist genauso wichtig wie Sport treiben.

Durch die Bewegung wird der Kreislauf angeregt und die Durchblutung verbessert. Es gelangt mehr Sauerstoff in den ganzen Körper. Versuche, so oft wie möglich Sport zu treiben.

Im Sommer kannst du z. B. Rad fahren, Rollschuh laufen oder Tennis spielen. Das Skilaufen macht vielen Leuten im Winter große Freude. Manche Menschen beginnen ihren Tag, indem sie schwimmen gehen.

Am wichtigsten ist, dass du die Sportart ausübst, die dir wirklich Spaß macht und die dich gesund hält.

Wörteranzahl: 95

Substantive und Verben, die eng zusammengehören, werden getrennt geschrieben: **Rad fahren**, aber bei Substantivierung: **das Radfahren**

Verbindungen aus zwei Verben werden getrennt geschrieben: **schwimmen gehen**

Staudämme

Es gibt nicht in allen Ländern so viel Wasser wie bei uns. Aber sogar hier in Deutschland gibt es Zeiten, in denen die Menschen mit dem Wasser haushalten müssen. Das ist der Fall, wenn der Sommer besonders heiß und trocken ist. Für solche „Trockenzeiten" wird in großen Seen das Wasser von Bächen und Flüssen gesammelt.

Staudämme werden gebaut, hinter denen sich diese Seen bilden können, die Stauseen. Der Staudamm muss dick und leicht gewölbt sein, damit er dem Druck der Wassermassen standhalten kann.

Wenn zu viel Wasser im See ist, läuft es durch Überlaufrinnen ab. Es müssen ständige Kontrollen des Staudammes stattfinden, damit es nicht zu einem Bruch der Mauer kommt.

Wörteranzahl: 111

Bei einigen Zusammensetzungen aus Substantiv und Verb wird der erste Teil nicht mehr als eigenständiges Substantiv empfunden. Deshalb schreibt man zusammen: **standhalten, stattfinden**

Alle Verbindungen mit „so", „wie", „zu" und „viel" werden getrennt geschrieben: **so viel**, aber: **soviel** als Konjunktion

Aufregung bei den Schimpansen

Gerade wollte ein kleiner Schimpanse eine Banane essen, als ein größerer Affe herbeieilte und sie ihm blitzschnell fortnahm. Dann jagte er mit seiner Beute einen Baumstamm hinauf. Der Bestohlene schwang sich mit einem Seil zum nächsten Klettergestell, rannte die Leiter hoch und hätte beinahe seine Banane erwischt. Aber es war nichts mehr übrig geblieben.

Da er es nicht rechtzeitig geschafft hatte, sprang der kleine Kerl wütend auf und ab, wobei er mit einem anderen Affen zusammenprallte, der erschreckt loskreischte und ihn gründlich verprügelte. Nun hörte man sie alle durcheinanderschreien. Du kannst dir nicht vorstellen, wie viel Zeit es dauerte, bis alle Tiere wieder ruhig waren.

Wörteranzahl: 105

Bei vielen Ausdrücken musst du auf die Bedeutung achten: **übrig bleiben** (= Einzige sein), aber **übrigbleiben** (= keine andere Wahl haben)

Partikel werden mit Verben zusammengeschrieben. Dies gilt auch für Adverbien, besonders für Adverbien der Richtung, des Ortes, der Zeit und für Pronominaladverbien: **durcheinanderschreien, loskreischen, zusammenprallen**

Verbindungen mit dem Verb „sein" werden immer getrennt geschrieben: **ruhig sein**

Alle Verbindungen mit „so", „wie", „zu" und „viel" werden getrennt geschrieben: **wie viel, so viel**, aber: **soviel** als Konjunktion.

Vorschriften auf See

Die Kapitäne der verschiedensten Wasserfahrzeuge müssen sich an bestimmte Vorschriften halten. So dürfen sie zum Beispiel nicht einfach irgendwie aneinander vorbeifahren, sondern nur auf der rechten Seite. Das ist eine international geltende Verkehrsregel auf See.

Sie müssen außerdem die Bedeutung der Leuchttürme und der Markierungen kennen lernen. Sie wissen, dass Feuerschiffe und Bojen nicht irgendwo liegen, sondern nur da, wo keine Leuchttürme stehen können, wie zum Beispiel auf einer Sandbank. Sie müssen Seekarten lesen lernen und die Seezeichen und Funksignale auswendig wissen, damit sie sich miteinander verständigen können.

Wörteranzahl: 88

Verbindungen aus zwei Verben und Zusammensetzungen von Adverb und Verb werden in der Regel getrennt geschrieben: **lesen lernen, auswendig wissen**
Bei vielen Wörtern musst du aber auf die unterschiedliche Bedeutung achten: **kennen lernen**, aber **kennenlernen** (= Erfahrung mit etwas oder jemandem haben)

Bei der Schreibung von Partikel und Verb muss man auf den Wortakzent achten. Liegt kein einheitlicher Wortakzent vor, schreibt man meist getrennt: **aneinander vorbeifahren, miteinander verständigen**

Verbindungen mit irgend- werden zusammengeschrieben: **irgendwie, irgendwo**

Sind Ferien wichtig?

Es ist herrlich, Ferien zu haben. Endlich kann man es sich gut gehenlassen. Man darf tun, was man möchte. Aber wäre es nicht viel besser, die Ferien zu streichen und dafür die Schulzeit zu kürzen, damit man diese lästige Zeit bald hinter sich hat?

Nein, das wäre nicht besser. Körper und Seele brauchen in regelmäßigen Abständen eine Zeit des Nichtstuns, eine Zeit ohne Pflichten. Es ist wichtig, dass man ab und zu alle Arbeit liegenlassen darf, dass man spazieren oder schwimmen gehen, herumtrödeln oder Rad fahren kann. Es ist wirklich erholsam, von Zeit zu Zeit nur das zu tun, wozu man Lust hat – Musik hören, neue Leute kennen lernen oder einfach sitzen bleiben und nichts tun.

Nur so können Körper und Seele gesund bleiben.

Wörteranzahl: 124

Verbindungen aus zwei Verben werden getrennt geschrieben:
spazieren gehen, **schwimmen gehen**

Ist das zweite Verb „bleiben" oder „lassen" kannst du auch zusammenschreiben. Dabei erhält das Wort eine neue Bedeutung. Dies gilt auch für kennen lernen:
Jemanden **gehen lassen**, aber sich **gehenlassen** (= schlampig/schlecht werden)
liegen lassen, aber **liegenlassen** (= unerledigt bleiben)
kennen lernen, aber **kennenlernen** (= Erfahrung mit etwas oder jemand haben)
sitzen bleiben, aber **sitzenbleiben** (= nicht versetzt werden)

Freizeitangebote in Kleinstädten

Die großen Städte locken mit ihren zahlreichen Arbeitsmöglichkeiten viele Menschen an und wachsen daher immer weiter. Die kleinen Städte versuchen dagegen, ihre Einwohner zu halten, indem sie hübsche Wohngebiete und viele Möglichkeiten für die Freizeitgestaltung anbieten.

Dieses Angebot wird von vielen Menschen gerne angenommen, denn sie möchten in ihrer näheren Umgebung Rad fahren, ohne erst mit dem Auto fahren zu müssen. In den meisten kleinen Orten können die Bewohner Sport treiben wie Volley- oder Fußball spielen. Sie können im Sommer auf asphaltierten Feldwegen Rollschuh laufen und im Winter in Sporthallen eislaufen. Dafür nehmen sie lange Fahrten zum Arbeitsplatz in Kauf.

Wörteranzahl: 100

Verbindungen von Substantiv und Verb werden getrennt geschrieben: **Rad fahren, Sport treiben**

Wird das Substantiv nicht mehr als eigenständig empfunden, schreibt man zusammen: **eislaufen**

Beeindruckende Pflanzenwelt

Wer eine besonders vielfältige und beeindruckende Pflanzenwelt erleben will, sollte als Forscher in den Regenwald gehen. Dort hat er Gelegenheit, hoch oben im Kronendach des Urwaldes von Kletterbrücken und Plattformen aus die regenbogenbunte Farbenpracht der Blüten und Tiere zu beobachten.

An diesem Platz findet das eigentliche Urwaldleben statt, denn hier können die goldgelben Sonnenstrahlen hingelangen. Es finden sich Blüten in allen Farbgebungen: z. B. feuerrot, strohgelb, himmelblau, zartrosa, lachsfarben mit wunderschönen betörenden, aber auch unangenehmen Düften. Dazu entdeckt man knallbunte, grasgrüne und knallrote Frösche, federleichte, winzige Vögel und viele andere Tiere.

Das Leben ist für die Forscher in diesem Blätterdach der Welt nicht ungefährlich. So bunt und vielfältig diese Welt ist, so zahlreich sind auch die Verletzungsgefahren durch Bisse, Insektenstiche, messerscharfe Blattränder und Abstürze.

Wörteranzahl: 124

Zusammenschreibung
- von zwei Substantiven in untrennbarer Verbindung: **Farbenpracht, Insektenstich**
- von gleichrangigen, nebengeordneten Adjektiven: **grasgrün, knallrot**
- von Adjektiven, bei denen ein Teil nicht selbstständig stehen kann: **vielfältig**

Mein Freund, der Rennfahrer

Mein Freund ist Rennfahrer. Er liebt das Autofahren über alles. Er liebte es schon als Dreijähriger mehr als alles andere, mehr als Zugfahren und mehr als Fahrradfahren. Es bedeutet ihm auch heute als Erwachsener mehr als Skifahren oder Wellenreiten, mehr als das Bergsteigen oder das Marathonlaufen.

Jede freie Stunde verbringt er auf der Rennstrecke. Er hat nicht allzu viel Zeit dafür, denn er arbeitet in einem bekannten Autounternehmen als Mechaniker. Nebenbei tüftelt und bastelt er an einem neuen Autotyp herum. Mal sehen, was er eines Tages erfinden wird!

Das Skilaufen ist die zweite Sportart, mit der er sich intensiv beschäftigt. Hier genießt er die Geschwindigkeit beim Abfahren ebenso wie die Schnelligkeit beim Autorennfahren.

Wenn das nur immer gut geht!

Wörteranzahl: 119

Zusammenschreibung von substantivisch gebrauchten Zusammensetzungen von Substantiv und Verb: **das Autofahren, das Bergsteigen**

Die Versuchung

Neugierig steht Paul vor der Gletscherhöhle. Er würde sie gerne näher kennen lernen, aber dort steht ein Schild, das den Eintritt verbietet. Sollte er diese Regel durchbrechen oder das Betreten lieber unterlassen? Besser ja, denn solche Eishöhlen können plötzlich einstürzen. So will er doch lieber auf einem Stein in der Nähe sitzen bleiben und alles in Ruhe betrachten.

Herrlich, überall fließen kleine Bäche und Flüsse aus dem Eis heraus. Staunend betrachtet Paul das grünbläuliche Wasser. Schade, dass er seinen Fotoapparat zu Hause hat liegen lassen, sonst hätte er jetzt interessante Aufnahmen machen können. Eben, als er ein paar Edelweiß entdeckt hatte, ärgerte er sich schon darüber. Am liebsten hätte er sie ja abgepflückt. Aber im letzten Moment nahm er Vernunft an und hat sie stehen lassen.

Wörteranzahl: 126

Verbindungen aus zwei Verben werden getrennt geschrieben. Ist das zweite Verb „bleiben" oder „lassen" kannst du auch zusammenschreiben. Dabei erhält das Wort eine neue Bedeutung. Dies gilt auch für kennen lernen:
kennen lernen, aber **kennenlernen** (= Erfahrung mit etwas oder jemand haben)
stehen lassen, aber **stehenlassen** (= nicht länger beachten)
sitzen bleiben, aber **sitzenbleiben** (= nicht versetzt werden)
liegen lassen, aber **liegenlassen** (= unerledigt bleiben)

Zusammensetzungen aus Präposition und Verb werden zusammengeschrieben. Dabei liegt die Betonung auf dem Verb: **durchbrechen, unterlassen**

Ein Ameisenhaufen

Interessiert blicken Evi und Jonas auf einen 1 m hohen, braunen Hügel aus Fichtennadeln. Auf ihm wimmelt es von zahlreichen kleinen Insekten, den Ameisen. Sie sehen, wie diese Tierchen übereinanderstolpern und aufeinanderstehen. Das Durcheinander scheint für die Kinder riesengroß zu sein. Man könnte meinen, dass sie gegeneinander kämpfen. Aber je länger sie hinsehen, desto besser erkennen sie, wie die Tierchen sich helfen, wie sie gemeinsam Tannennadeln, Ameiseneier und kleine Insekten transportieren. Sie beobachten, wie sie hin- und hereilen, vor- und zurückflitzen. Sie entdecken, wie einige nebeneinander herlaufen, als würden sie unterwegs miteinander reden.

Auf den Ameisenstraßen, die zu dem Hügel führen, sehen sie viele aneinander vorbeilaufen, ja sogar gegeneinanderprallen, wenn sie in ihrem Arbeitseifer ihre „Kolleginnen" nicht bemerken. Jonas und Evi sind beeindruckt von dem Arbeitseifer dieser Tiere.

Wörteranzahl: 128

Adverb und Verb werden zusammengeschrieben, besonders bei Adverbien der Richtung, des Ortes und der Zeit: **übereinanderstolpern, gegeneinanderprallen, nebeneinanderlegen, aufeinanderstehen**

Ob Partikel und Verb zusammengeschrieben werden, hängt oft von der Wortbetonung ab. Liegt keine eindeutige Betonung vor, wird meist getrennt geschrieben: **gegeneinander kämpfen, nebeneinander herlaufen, aneinander vorbeilaufen, miteinander reden**

Buslinien-Bernd kombiniert

Er sah dem Mann tief in die blaugrünen Augen. „Wahrscheinlich ein Bankräuber“, dachte sich Bernd, während er an seinem hellbraunen Pullover zupfte. Der Mann hatte einen gemeingefährlichen Blick und trug einen hässlichen blauschwarzen Regenmantel. Außerdem klammerte er sich an seinen prallvollen Rucksack. „Das ist sehr verdächtig“, kombinierte Bernd, „wenn er Auto oder Fahrrad fahren könnte, müsste er nicht mit dem Bus flüchten.“ Bernd war leidenschaftlicher Busfahrer. Er kannte alle siebenundzwanzig Buslinien der Stadt wie seine Westentasche und war mit fünfzehn Busfahrern gut befreundet. Deswegen durfte er beim Busfahren auch Eis essen oder Gitarre spielen, obwohl das eigentlich verboten war. Außerdem konnte er dabei gut üben, Menschen zu beobachten. Denn schließlich wollte er später Detektiv werden.

Wörteranzahl: 115

Verbindungen von Substantiv und Verb werden normalerweise getrennt geschrieben: **Fahrrad fahren**
- Aber: Wird eine solche Wortverbindung substantiviert, schreibt man sie zusammen: **beim Busfahren**

Die Verbindung aus zwei gleichrangigen Adjektiven schreibt man zusammen: **blaugrün**

Die Tasche im Teich

Briefträger Leopold konnte rückwärtssingen und seitwärtsgehen und dabei die Post verteilen. Kurz vor Ostern war er dummerweise mit Frau Förster aufeinandergeprallt. Die beiden hatten wohl nicht aufeinander geachtet. Sie hing an der Leine ihres Hundes Beethoven, der abhauen wollte. Frau Förster vollbrachte das Kunststück, vorwärts über den Gartenzaun zu segeln und dabei die Einkaufstasche festzuhalten. Sie flog sicher über das Gemüsebeet, auf dem Beethoven seine Spuren hinterlassen hatte. Kurz vor dem Aufprall im Komposthaufen konnte sie ihre Tasche abwerfen. Sie landete sicher im Goldfischteich. „Die Eier dürften hinüber sein“, kicherte Frau Förster, „aber die Landung muss mir erst einmal jemand nachmachen!“

Wörteranzahl: 101

Zusammensetzungen aus Adverb und Verb werden in der Regel zusammengeschrieben: **seitwärtsgehen, rückwärtssingen, aufeinanderprallen** – aber **rückwärts einparken, aufeinander achten**

Zusammensetzungen aus Adjektiv, Partikel oder Adverb und Verb werden zusammengeschrieben: **vollbringen, festhalten, nachmachen**
Wortverbindungen mit dem Verb „sein“ schreibt man getrennt: **hinüber sein**

Frisch gebrannte Kacheln

„Wer in der Mittagspause schon schlecht gelaunt ist, kann abends keinen draufmachen“, schlussfolgerte Meister Zettel und biss in sein selbst geschmiertes Käsebrötchen. Streng genommen war Hannes auch nicht mies gelaunt. Er tat nur so, denn dann durfte er manchmal früher heimgehen. Diesmal sollte sein Plan jedoch fehlschlagen. „Wie viele Kacheln soll ich noch bemalen?“, wollte er wissen und wurde blass, als er die Kiste mit frisch gebrannten Küchenkacheln öffnete. „Irgendjemand muss mit der Kiste Fußball gespielt haben. Sie ist voller Scherben.“ „Dumm gelaufen“, meinte der Meister mit einem Blick auf den Scherbenhaufen, „dann wird irgendeiner heute wohl Überstunden machen müssen.“ Als Hannes endlich nach Hause fahren konnte, hatte er viele selbst bemalte Kacheln produziert.

Wörteranzahl: 114

Bei vielen Ausdrücken kann zusammen- oder getrennt geschrieben werden. Es hängt davon ab, ob man den Ausdruck als Zusammensetzung oder als syntaktische Fügung versteht:
schlecht gelaunt, **schlechtgelaunt**;
selbst geschmiert, **selbstgeschmiert**;
streng genommen, **strenggenommen**;
frisch gebrannt, **frischgebrannt.**

Verbindungen mit „so“, „zu“, und „wie“ mit einem Adjektiv werden getrennt geschrieben: **wie viele**

Zusammenschreibung bei:
- Wortverbindungen mit verblassten Substantiven: **schlussfolgern**
- Verbindungen mit irgend-: **irgendeiner**

Rückwärts ins Glück

Jens war eigentlich zum Skifahren in die Berge gefahren. Doch leider lag viel zu wenig Schnee. Also musste er entweder Schlitten fahren oder wandern gehen. Er entschied sich fürs Schlittenfahren. Fünf knusprig frische Brötchen packte er in seinen Rucksack, streifte seinen Pullover über und zog die olivgrüne Pudelmütze über die Ohren. Den Schal hatte er im Hotelzimmer vergessen. Vor dem Hotel schnappte er sich einen knallroten Schlitten und fuhr los. Als plötzlich irgendein dummdreister Bär im Weg stand, konnte Jens nicht mehr anhalten. Er drehte sich geschickt um die eigene Achse, um rückwärts weiterzufahren, schoss an einer Gruppe Japaner vorbei und endete in einem stinkenden Misthaufen.

Wörteranzahl: 106

Getrenntschreibung
- Wortverbindungen aus Substantiv und Verb: **Schlitten fahren**
  Aber: In substantivierter Verwendung als ein Wort:
  fürs Schlittenfahren
- Verbindungen aus Adjektiven mit „so", „zu", „wie": **zu wenig**

Zusammenschreibung
- Alle Wortverbindungen mit irgend-: **irgendein**
- Gleichrangige, nebengeordnete Adjektive: **dummdreist, olivgrün**

Wie komme ich durch den Winter?

Für viele Menschen hierzulande ist der Winter eine äußerst unangenehme Jahreszeit. Am liebsten würden sie gar nicht hierbleiben, sondern in einer wärmeren Gegend überwintern.

Ähnlich den Vögeln, die im Winter südwärts fliegen, zieht es etliche Menschen in die Länder, die auch im Winter warm und sonnig sind.

Andere dagegen, die auch nicht mit unserem „Schmuddelwetter" vorliebnehmen wollen, suchen den richtigen Winter. Sie wollen Ski fahren oder Schlittschuh laufen und sich draußen bewegen, selbst wenn es eiskalt ist. Viele Familien genießen den Wintersport, sei es nun das Snowboarden oder das Schlittenfahren, und werden vom Zauber der weißen Winterwelt gefangen genommen.

Beide Arten den Winter zu verbringen haben ihren Preis: Oft können Verwandte und Freunde das Weihnachtsfest und Silvester nicht miteinander feiern. Dies wird aber gerne in Kauf genommen, wenn man dadurch unserem Winter ausweichen kann.

Wörteranzahl: 134

Wenn Wortteile nicht mehr als eigenständig empfunden werden, schreibt man sie zusammen: **hierzulande, hierbleiben, vorliebnehmen, eiskalt**

Verbindungen aus Partikel und Verb werden zusammengeschrieben: **ausweichen, überwintern**

Verbindungen aus Substantiv und Verb werden getrennt geschrieben: **Ski fahren, Schlittschuh laufen**
Sind diese Verbindungen substantiviert, werden sie zusammengeschrieben: das **Snowboarden**, das **Schlittenfahren**

Immer getrennt geschrieben wird: **in Kauf nehmen, miteinander feiern, südwärts fliegen**

Bei manchen Ausdrücken sind zwei Schreibweisen erlaubt: **gefangen genommen, gefangengenommen**

Wird Süditalien zur Wüste?

In den letzten Jahren ist so viel von Klimaveränderung und Treibhauseffekt die Rede, dass sich jeder mit dem Thema auseinandersetzen muss. Fast allen von uns sind die groben Zusammenhänge der Erderwärmung bekannt: Auf der gesamten Welt, vor allem aber in den Industrieländern werden täglich jede Menge Abgase ausgestoßen, die eine ähnliche Wirkung haben wie das Glasdach eines Treibhauses. Sie lassen die kurzwelligen Sonnenstrahlen hindurchkommen, aber die langwelligen Strahlen können sie nicht genügend entweichen lassen. Dadurch kommt eine Erwärmung der Luftschichten zustande, deren Hauptverursacher Wasserdampf, Kohlendioxid und Ozon sind. Kraftwerke, Industrie, Haushalte und Verkehr haben den größten Anteil am Ausstoß von Kohlendioxid in Deutschland.

Seit etwa 100 Jahren ist die Durchschnittstemperatur um ein Grad Celsius angestiegen. Das Schmelzen der polaren Eiskappen wird den Meeresspiegel steigen lassen. Im Norden Europas wird es mehr regnen als im Süden. Süditalien könnte tatsächlich zu einem wüstenähnlichen Gebiet werden.

Wörteranzahl: 143

Adjektive werden zusammengeschrieben, wenn sie aus gleichrangigen, nebengeordneten Bestandteilen bestehen. Oft ist der erste Bestandteil bedeutungsverstärkend oder bedeutungsabschwächend: **langwellig, kurzwellig**

Verbindungen aus Partikel und Verb werden zusammengeschrieben: **ansteigen, ausstoßen**
Dies gilt auch, wenn der erste Bestandteil ein Adverb der Richtung, des Ortes oder der Zeit ist: **hindurchkommen, auseinandersetzen**

Ist bei einer Verbindung aus Verb und Verb das zweite Verb „bleiben" oder „lassen", schreibt man je nach Bedeutung zusammen oder getrennt: **steigen lassen**, aber **steigenlassen** (Party)

Verbindungen mit „so", „zu", und „wie" mit einem Adjektiv werden getrennt geschrieben: **so viel, wie viel**

Musik und Lernen

Linda geht jede Woche zweimal in die Musikschule. Sie spielt Bratsche. Das erste Mal ist sie im ganz normalen Unterricht und das zweite Mal hat sie Orchesterprobe. Da sie ein Instrument spielt, das hauptsächlich mit anderen Streichinstrumenten zusammengespielt wird, kann sie keinen der beiden Termine wegfallen lassen. Auch im Schulorchester wäre Linda ein gern gesehenes Mitglied, denn die Bratsche wird so selten gespielt, dass die Stimme häufig von Geigen übernommen werden muss.

Oft übt Linda sehr viel und es macht ihr auch richtig Spaß, vor allem wenn sie schöne Stücke aufbekommt. Manchmal übt sie natürlich auch etwas weniger. Ganz selten kommt es sogar vor, dass sie klagt, alles werde ihr zu viel. Doch der wohltuend warme Klang der Bratsche würde der ganzen Familie fehlen.

Außerdem ist es inzwischen unbestritten, dass Kindern, die ein Instrument spielen, auch das Lernen leichtfällt. Das Ausüben von Musik fördert die Konzentration und verbessert das Gedächtnis für Sprachen.

Wörteranzahl: 152

Verbindungen mit „-mal" werden zusammengeschrieben. Bei besonderer Bedeutung kann man auch getrennt schreiben:
zweimal, zweite Mal
Bei Substantivierung von „Mal" wird immer getrennt geschrieben:
das erste Mal

Bei manchen Ausdrücken sind zwei Schreibweisen erlaubt:
gern gesehen, gerngesehen; wohl tuend, wohltuend

Verbindungen aus Partikel und Verb werden zusammengeschrieben:
übernommen, ausstoßen, aufbekommen
Dies gilt auch, wenn der erste Bestandteil ein Adverb der Richtung, des Ortes oder der Zeit ist: **zusammenspielen, wegfallen**
Verbindungen mit „so", „zu", und „wie" mit einem Adjektiv werden getrennt geschrieben: **zu viel**

Entsteht bei der Zusammensetzung aus Adjektiv und Verb eine neue Gesamtbedeutung, wird zusammengeschrieben: **leichtfallen**

Zurück zur Mädchen- und Jungenschule?

Der nach Mädchen und Jungen getrennte Unterricht ist inzwischen zu einem viel diskutierten Thema geworden. In der Unterstufe wird das Fach Naturphänomene vielfach schon in getrennten Gruppen unterrichtet. Dasselbe gilt ab Klasse sieben auch für Sport. Eine weitere Forderung ist, dass die naturwissenschaftlichen Fächer getrennt angeboten werden. Nach extremer Auffassung sollte gar kein Unterricht mehr gemeinsam stattfinden.
Will sich die Schule etwa wieder rückwärtsentwickeln?

Einige Argumente sprechen für getrennten Unterricht:
Jungen und Mädchen können leichter lernen, wenn sie nicht in bestimmten Rollen gesehen werden. Außerdem kann unterschiedliches Wissen stärker berücksichtigt werden.

Für naturwissenschaftliche Fächer oder den Unterricht am Computer sind diese Argumente leicht verständlich. Sobald aber der gesamte Unterricht gemeint ist, lässt sich der Sinn der Trennung wohl infrage stellen. Denn wie sollen junge Frauen und Männer miteinander leben, wenn sie nicht gelernt haben, in der Schule miteinander auszukommen?

Wörteranzahl: 139

Bei manchen Ausdrücken sind zwei Schreibweisen erlaubt:
viel diskutiert, vieldiskutiert
Bei Verbindungen wird zusammengeschrieben, wenn der erste Bestandteil in dieser Form nicht selbstständig vorkommen kann: **vielfach**

Immer getrennt geschrieben wird: **gar kein**
Dies gilt auch für: gar nicht, gar nichts, gar sehr, gar wohl

Wird bei Zusammensetzungen der erste Teil nicht mehr als eigenständiges Substantiv empfunden, schreibt man zusammen: **stattfinden**

Verbindungen aus Partikel und Verb werden zusammengeschrieben. Dies gilt auch, wenn der erste Bestandteil ein Adverb der Richtung, des Ortes oder der Zeit ist: **rückwärtsgehen**

Ist bei Verbindungen mit einem einfachen, unflektierten Adjektiv der erste Bestandteil erweiterbar oder kann er gesteigert werden, wird getrennt geschrieben: **leicht verständlich**

Zwei Schreibweisen gibt es bei: **infrage stellen, in Frage stellen**

Korallenriff

Die Korallen sind wahre Baumeister in den tropischen Gewässern. Die Polypen stecken mit ihrem Fuß in einem kleinen Kalkkelch. Unzählige solcher Kalkkelche lassen ein immer größer werdendes Gebilde entstehen, das so genannte Korallenriff. Beim Tauchen in exotischen Gebieten wird es der Unerfahrene als steil abfallende Felswand wahrnehmen, stattdessen handelt es sich um eine kompliziert aufgebaute Kolonie aus lebenden Steinkorallen. Wenn wir uns näher mit ihnen auseinandersetzen, erfahren wir, dass der Korallenstock den Polypen Schutz vor Feinden bietet und ein idealer Standort für ihre Nahrungsaufnahme ist. Wenn ein geeignet erscheinendes Kleinstlebewesen vorbeischwimmt, fängt es der Polyp mit seinen Gift spritzenden Tentakeln.
Am schönsten sind die Lagunenriffe, die in nicht allzu großer Tiefe liegen. Schon Charles Darwin erforschte Folgendes: Steinkorallen kommen nur in klarem, gut durchlichtetem Meerwasser vor, das außerdem sauerstoff- und planktonreich ist. Korallen leben in Symbiose mit Algen. Gehen diese aufgrund von Lichtmangel zugrunde, hören die Korallen mit der Kalkproduktion auf. Darüber hinaus bietet diese Unterwasserlandschaft breit gefächerte Unterschlupfmöglichkeiten.

Wörteranzahl: 159

Partikel werden mit Verben zusammengeschrieben. Die Zusammenschreibung gilt auch für Adverbien der Richtung, des Ortes und der Zeit: **auseinandersetzen, vorbeischwimmen**

Bei Zusammensetzungen mit Verben haben die folgenden Wörter ihren eigenständigen Charakter verloren: fehl-, feil, heim-, irre-, kund-, preis-, wahr-, weis-, wett-. Es wird daher zusammengeschrieben: **wahrnehmen**

Zwei Schreibweisen gibt es bei folgenden Verbindungen:
Gift spritzend, giftspritzend; aufgrund, auf Grund; zugrunde gehen, zu Grunde gehen; breit gefächert, breitgefächert

Ist bei Verbindungen mit einem einfachen, unflektierten Adjektiv und Partizip der erste Bestandteil erweiterbar oder kann er gesteigert werden, wird getrennt geschrieben: **größer werdend, steil abfallend, kompliziert aufgebaut, geeignet erscheinend**

Getrennt geschrieben werden muss: **darüber hinaus**

Hübsch durch Essen?

Für das Funktionieren unseres Körpers müssen wir ihm immer wieder Brennstoff liefern. Dieser Vorgang ist im Allgemeinen recht angenehm, weil wir uns dazu wohl schmeckende Speisen aussuchen können. Wir machen also aus der Not eine Tugend. Aber außer Kalorien, die wir als Energiequelle fürs Laufen, Sporttreiben usw. benötigen, braucht der menschliche Organismus auch Vitamine, Mineralstoffe und Spurenelemente für die Stoffwechselvorgänge. Wenn die Haut trocken bleibt, die Haare spröde oder die Fingernägel brüchig werden, kann dies ein Vitaminmangel sein. Schönheit kommt von innen! Wer gesund lebt, sieht auch besser aus.

Als hautschützende Vitamine wirken die fettlöslichen A-Vitamine, die in Eigelb, Käse und als Vorstufe in Möhren und Spinat stecken. Genauso wichtig sind die wasserlöslichen B-Vitamine, die in Vollkornprodukten, Fleisch, Kartoffeln und Nüssen enthalten sind. Von dem Vitamin C ist vor allem bekannt, dass es die Abwehrkräfte stärkt. Manchem scheint es schwer verständlich, aber es hält auch Zähne, Knochen und Blutgefäße gesund. Besonders viel steckt in Paprikaschoten, Zitrusfrüchten und Petersilie. Aber Achtung vor zu viel Süßigkeiten! Zucker ist ein wahrer Vitamin-C-Killer.

Wörteranzahl: 169

Partikel werden mit Verben zusammengeschrieben: **aussuchen**
Zusammen schreibt man: **fettlöslich, wasserlöslich**

Verbindungen aus Adjektiv und Verb werden getrennt geschrieben:
trocken bleiben, spröde werden, brüchig werden

Zwei Schreibweisen gibt es bei folgenden Verbindungen:
hautschützend, Haut schützend; schwer verständlich, schwerverständlich; wohl schmeckend, wohlschmeckend

Verbindungen mit „so", „zu", und „wie" mit einem Adjektiv werden getrennt geschrieben: **zu viel**

Getrennt geschrieben werden muss: **vor allem**

Kometenhaft

Das Frühjahr 1997 bescherte uns ein seltenes Schauspiel am Abendhimmel. Der hell leuchtende Komet Hale-Bopp raste mit einer Geschwindigkeit von 160 000 km/h für uns alle sichtbar durch unser Sonnensystem. Am sonnennächsten Bahnpunkt entwickelte sein aus Eisstücken bestehender Kometenschweif seine größte Länge von rund 20 Vollmonddurchmessern. Viele Menschen sind von diesem Ereignis fasziniert und bedenken nicht, dass neben Gas und Staub das Weltall um uns herum zahlreiche Gesteinstrümmer und weitere Kometen enthält. Jeden Tag dringen mehrere Tausend Tonnen dieser Materie in unsere Erdatmosphäre ein, von der Größe eines Staubkorns bis zu meterdicken Felsbrocken. Die meisten verglühen allerdings als Sternschnuppen. Erst ab 50 m Durchmesser hat ein kosmischer Fremdkörper die Chance, den Erdboden zu erreichen. Nur alle paar Jahrhunderte kommt es zu einem solchen sichtbaren Niedergang. Gefahr droht dann dicht besiedelten Gebieten oder küstennahen Regionen, die von gewaltigen Flutwellen bedroht sind. Erst bei einem Durchmesser von mehr als 1 km wären die Folgen fatal. Gewaltige Mengen Staub in der Atmosphäre würden vermutlich zu einem monatelangen Winter führen. Bei den Forschern herrscht daher weit gehend Einigkeit darüber, dass die Erdbahn kreuzenden Teile beobachtet und registriert werden, um Abwehrmaßnahmen gegen diese potenziellen Gefahren einsetzen zu können.

Wörteranzahl: 192

Zusammen schreibt man untrennbare Verbindungen aus Substantiv und Substantiv: **Abendhimmel, Sonnensystem**

Zwei Schreibweisen gibt es bei folgenden Verbindungen:
hell strahlend, hellstrahlend; dicht besiedelt, dichtbesiedelt; weit gehend, weitgehend

Gleichrangige, nebengeordnete Adjektive werden zusammengeschrieben: **meterdick**

Ebenfalls zusammengeschrieben wird: **sonnennächsten, monatelang**

Freie Fahrt für freie Bürger?

Des Öfteren kann man hierzulande beobachten, dass Menschen mehr oder weniger aus irgendeiner Gedankenlosigkeit oder aus Leichtsinn in Not gestürzt werden.

Man denke nur einmal an den Wahnsinn, der sich tagtäglich auf unseren Autobahnen abspielt! Hier genügt ein Moment der Unachtsamkeit, der geradewegs in die Katastrophe führen kann. Zuhauf kann man beobachten, dass Geschwindigkeitsbegrenzungen nicht eingehalten werden. Infolgedessen reicht schon zuallermeist ein kleinerer Fahrfehler aus, aufgrund dessen ein Wagen ins Schleudern gerät und einen Unfall verursachen kann. Zu Schaden kommen dabei oftmals nicht nur der Unfallverursacher, sondern auch Verkehrsteilnehmer, die sich im Straßenverkehr vorschriftsmäßig verhalten, aber in einer solchen Situation zweifelsohne machtlos sind.

Man kann sich vorstellen, wie auch den Angehörigen eines unschuldigen Unfallopfers zumute ist.

Auch die psychischen Folgen eines schweren Verkehrsunfalls sind Besorgnis erregend. Oftmals sind Verkehrsunfallopfer traumatisiert, sodass es ihnen schwerfällt, im normalen Alltagsleben wieder Fuß zu fassen. Ein normales, geregeltes Leben ist dann vielfach über Jahre hinweg unmöglich.

Wörteranzahl: 152

Zusammen schreibt man Verbindungen mit irgend-: **irgendeiner**
- Achtung: Getrennt schreibt man nur „irgend so ein/eine/einer" und „irgend so etwas"

Zusammen schreibt man, wenn die Wortart, die Wortform oder die Bedeutung der einzelnen Bestandteile nicht mehr erkennbar ist: **hierzulande, geradewegs, zuhauf, infolgedessen, zuallermeist, oftmals, zweifelsohne**

Zusammengeschrieben wird: **schwerfallen** (= Mühe verursachen)

Zwei Schreibweisen gibt es für: **aufgrund, auf Grund; zumute sein, zu Mute sein; sodass, so dass; besorgniserregend, Besorgnis erregend**

Schlafwandeln

Es gibt Menschen, die nachts zweifelsohne nicht schlafen können. Einige wälzen sich nervös im Bett hin und her, nicht wenige schlafwandeln. Zu diesen Menschen gehört auch unsere gar nicht altersschwache siebzigjährige Tante Paula.

Wenn Vollmond ist, steigt sie aus ihrem Bett und treibt in der Dachkammer ihr Unwesen. Einmal sogar trieb sie es so arg, dass sie das Haus verließ, irgendein Fahrrad nahm, losradelte und sich letztendlich kopfüber in der Spree wiederfand.

Rat suchend wandten wir uns an einen Psychologen, weil wir uns außerstande sahen, unsere Tante zu bändigen. Keinesfalls dürften wir länger in der Stadt wohnen bleiben, da dies zu gefährlich sei. Wir gaben infolgedessen unsere Wohnung am Brandenburger Tor auf und zogen ihretwegen aufs Land.

Tante Paula aber lachte sich ins Fäustchen. Schon kurze Zeit nach unserem Umzug schloss sie nähere Bekanntschaft mit einem Nachbarn in ihrem Alter, der angeblich just zu dieser Zeit schwindsüchtig geworden sei. Augenzwinkernd versicherte sie uns aber, dass ihr neuer Bekannter kerngesund sei. Er wollte nur zurück in die Stadt, um zu seinem Sohn, einem schreibgewandten Psychologen, zu ziehen …

Wörteranzahl: 176

Zusammen schreibt man Wörter wie: **schlafwandeln, altersschwach, schreibgewandt, schwindsüchtig, zweifelsohne, kopfüber, keinesfalls, infolgedessen**

Gleichrangige, nebengeordnete Adjektive werden zusammengeschrieben: **kerngesund**

Zusammen schreibt man Verbindungen mit irgend-: **irgendeiner**
- Achtung: Getrennt schreibt man nur „irgend so ein/eine/einer" und „irgend so etwas"

Zwei Schreibweisen gibt es bei folgenden Verbindungen: **Rat suchend, ratsuchend; außerstande sein, außer Stande sein**

Frauen in der Bundeswehr

Das Jahr 2001 begann für die Bundeswehr mit einer bahnbrechenden Reform. Seit Januar darf Frauen der Dienst an der Waffe nicht verwehrt werden. Einer selbstbewussten 23-jährigen Elektronikerin ist dies zu verdanken. Sie erstritt zwei Jahre zuvor vor dem Europäischen Gerichtshof in Luxemburg das Recht, den Waffendienst ableisten zu dürfen. Der Präsident des Gerichtshofes verkündete daraufhin, dass auch Deutschland den Dienst an der Waffe für Frauen öffnen müsse.

Endgültig vorbei ist damit die Zeit, in der Frauen beim Bund „nur" als Krankenschwestern im Sanitätsdienst oder an der Klarinette im Militärmusikcorps eingesetzt wurden. Sicherlich mag dies für erzkonservative militärische Hardliner eine Grauen erregende Vorstellung gewesen sein. Keinen Grund zur Beunruhigung sieht indes die vorwärtsblickende Militärführung, die in dieser Aufsehen erregenden Reform nur Positives zu sehen scheint. So äußerte sich anlässlich des Dienstantrittes von vier Soldatinnen bei der Artillerie im westfälischen Dülmen ein vorgesetzter Hauptmann, dass er keine Bedenken hege: „Ich habe zwei Frauen zu Hause", schlussfolgerte der Hauptmann, „ich weiß, was die leisten können."

Wörteranzahl: 162

Partikel werden mit Verben zusammengeschrieben. Die Zusammenschreibung gilt auch für Adverbien, besonders für Adverbien der Richtung, des Ortes und der Zeit: **vorwärtsblicken**

Zusammenschreibung gilt auch für: **schlussfolgern, bahnbrechend, selbstbewusst, erzkonservativ**

Zwei Schreibweisen gibt es bei folgenden Verbindungen:
Grauen erregend, grauenerregend;
Aufsehen erregend, aufsehenerregend;
Furcht erregend, furchterregend

Wie entsteht Glas?

Fensterscheiben, Flaschen und Gläser sind wie viele andere Gebrauchsgegenstände heute aus Glas. Glas besteht aus Quarzsand, Kalk und Soda oder Pottasche. Fast immer werden Glassachen heute maschinell hergestellt. Eine Maschine kann pro Minute mehr als 200 Flaschen herstellen.

Aber es gibt auch heute noch den Glasbläser, der das Glas mit der Hand, oder besser mit dem Mund, herstellt. Mit einem langen Rohr, der Glasmacherpfeife, nimmt er einen heißen Glasklumpen auf. Unter ständigem Drehen muss er kräftig in die Pfeife blasen und dabei das Glas formen. Das fertige Glas wird dann noch einmal in einem Brennofen bei 500 Grad erhitzt.

Einige Werkstätten von Glasbläsern können besichtigt werden. Dort kannst du die Glasbläser bei ihrer Arbeit beobachten.

Wörteranzahl: 115

Das stimmhafte (gesummte) s schreibt man immer als einfaches „s“:
blasen

Das stimmlose (gezischte) s schreibt man als
- „s“: **fast**
- „ss“: **muss**
- oder „ß“: **heißen**

Gefäße aus Ton

Ton wird aus Erde gewonnen. In einer Tonmühle wird sorgfältig die Luft herausgepresst. Es dürfen keine Luftblasen zurückbleiben.

Ton kann auf verschiedene Arten geformt werden. Du kannst ihn mit der Hand zu Gefäßen verarbeiten. Wenn aber zahlreiche Gefäße schnell hergestellt werden sollen, benutzt man Gussformen aus Gips. Der flüssige Ton wird hineingegossen.

Wenn das überflüssige Wasser entfernt ist, nimmt man das Tongefäß heraus und versieht es mit einem Henkel. Dann wird es im Brennofen gebrannt. Anschließend wird es mit einer Glasur besprüht und noch einmal im Brennofen gebrannt. Nach der Bemalung mit einer Spezialfarbe muss es noch ein letztes Mal gebrannt werden. In Töpferkursen kann man lernen, Gefäße aus Ton zu formen.

Wörteranzahl: 111

Nach einem langen Vokal oder Doppellaut (Diphthong) schreibt man das stimmlose s als „ß“: **Gefäß, anschließend**

Nach einem kurzen, betonten Vokal schreibt man das stimmlose s als „ss“: **Guss, muss**

Eine Straße wird gebaut

Straßen bestehen aus mehreren Schichten von Sand, Schotter und Asphalt, sodass sie großen Lastwagen und schweren Transportfahrzeugen jahrelang standhalten können.

Bagger bereiten die freien Flächen so vor, dass sie von Planierraupen und Walzen geebnet und festgestampft werden können. Auf den mit Schotter aufgefüllten Untergrund wird heißer Asphalt in mehreren Schichten aufgetragen, der natürlich auch gewalzt wird. Auf die oberste Schicht kommt Splitt, sodass die Oberfläche rau wird und die Autoreifen besser greifen können. Wusstest du, dass die Römer vor 2000 Jahren schon fast 90000 km befestigter Straßen gebaut hatten?

In einigen Gebieten kannst du noch heute Reste dieser alten Römerstraßen anschauen. Einige Autostraßen verlaufen genau auf alten Römerstraßen, wie zum Beispiel die Bundesstraße 9, die am Rhein entlangführt.

Wörteranzahl: 118

Die Konjunktion **dass** wird mit „ss" geschrieben.
- Achtung: Die Konjunktion **sodass** kann auch getrennt geschrieben werden: **so dass**

Nach langem Vokal oder Doppellaut (Diphthong) schreibt man das stimmlose s als „ß": **Straßen**

Nach einem kurzen, betonten Vokal schreibt man das stimmlose s als „ss": **wusstest**

Wer war Darwin?

Darwin war ein Naturforscher, der im 19. Jahrhundert lebte. 1832 ging er das Wagnis ein, an einer fünf Jahre dauernden weltweiten Forschungsreise teilzunehmen. Die Ergebnisse dieser langen Reise waren ein interessantes Reisetagebuch und eine große Sammlung von Versteinerungen, Knochenfunden und Tierpräparaten.

Nach jahrelangem Forschen kam Darwin zu der Erkenntnis, dass es die jetzigen Tier- und Pflanzenarten nicht immer gegeben hat. Sie haben sich in Jahrmillionen aus einfachen Formen entwickelt und immer wieder den jeweiligen Verhältnissen angepasst. Die Darwin'sche Lehre stieß damals nicht nur auf Verständnis, sondern auch auf heftige Kritik und viel Misstrauen. Heute ist sie die Grundlage der modernen Biologie.

Wörteranzahl: 101

Die Nachsilbe -nis wird mit einem „s" geschrieben: **Verständnis**

Die Vorsilbe Miss- wird mit „ss" geschrieben: **Misstrauen**

Nach kurzem, betontem Vokal schreibt man das stimmlose s als „ss": **angepasst**

Nach langem Vokal oder Doppellaut (Diphthong) schreibt man das stimmlose s als „ß": **stieß**

Der flüssige Verschluss

Sicher hast du schon gesehen, dass das Abflussrohr unter dem Waschbecken die Form eines Knies hat, die S-Form.

Das Wasser fließt aus dem Waschbecken durch diese S-Krümmung hindurch in das dickere Abflussrohr des Hauses. Das Gewicht des nachrückenden Wassers drückt das abfließende Wasser durch das Knie. Durch die Krümmung des Rohres wird aber erreicht, dass ein letzter Wasserrest im Rohr zurückbleibt. Er bildet an dieser Stelle einen flüssigen Verschluss und verhindert so, dass der üble Geruch und die giftigen Gase, die die schmutzigen Abwässer bilden, in unsere Wohnungen gelangen.

Das mit Wasser angefüllte Knie bildet also einen Geruchsverschluss.

Wörteranzahl: 98

Nach kurzem, betontem Vokal schreibt man das stimmlose s als „ss“: **dass, Verschluss**

Nach langem Vokal oder Doppellaut (Diphthong) schreibt man das stimmlose s als „ß“: **fließt**

Das Rad

Es ist das Rad, das alles ins Rollen brachte. Es steht fest, dass ohne das Rad keine größeren Erfindungen möglich gewesen wären.

Es gäbe heute weder das Auto noch den Zug. Es gäbe gar keine Maschine. Es ist das Rad, das seit seiner Erfindung dem Menschen das Leben erleichtert. Jahrhundertelang hat das Mühlrad für den Menschen das Korn gemahlen, der Flaschenzug hat für ihn die Lasten gehoben. Nur weil ein Rad ein anderes Rad drehen kann, sind Maschinen möglich geworden. Wie beeindruckend ist es, zu sehen, wie ein Zahnrad in ein anderes greift und so Uhren und große Maschinen antreibt! Viele glauben, dass das Rad das Beste ist, das je erfunden worden ist.

Wörteranzahl: 113

Die Konjunktion **dass** wird mit „ss" geschrieben.

Der Artikel **das** und das Relativ- und Demonstrativpronomen **das** wird mit „s" geschrieben.

Urpferde sahen ganz anders aus

Pferde waren nicht immer so groß, wie sie heute sind. Das Urpferd, das vor 50 bis 60 Millionen Jahren lebte, war ungefähr 40 Zentimeter groß. Der Eohippus, so nennen wir das Tier, war also nicht größer als ein Fuchs. Er hatte keine Hufe, sondern vier Zehen.

Aus dem Eohippus entwickelte sich ein Pferd, das so groß wie ein Schaf war, der Mesohippus. Weil die äußeren Zehen nicht benutzt wurden, bildeten sie sich allmählich zurück. Die mittleren Zehen entwickelten sich zu einem kräftigen Huf. Es entstand der erste Einhufer. Er hatte schon längere Zähne und konnte Gras fressen. Er war so groß wie ein Esel und lebte vor ungefähr 10 Millionen Jahren in den Grassteppen von Nordamerika.

Schon in der Vorgeschichte begannen die Menschen, Pferde zu zähmen. Heute gibt es kaum noch Wildpferde.

Wörteranzahl: 132

Den stimmlosen (gezischten) s-Laut schreibt man als
- „s“: **es**
- „ss“: **fressen**
- oder „ß“: **groß**

Der Feldhase

Immer seltener sehen wir auf unseren Feldern und Wiesen den Feldhasen. Seine Feinde sind nicht nur Fuchs, Wiesel, Hund und Katze, sondern vor allem der Mensch.

Einmal, weil dieser ihn jagt, um ihn zu verspeisen. Zum anderen, weil er ihm seine Lebensräume wegnimmt. Auf den riesigen unkrautfreien Feldern findet der Feldhase kaum noch die Hälfte der 95 Wildpflanzen, die zu seinem gesunden Speiseplan gehören. Sobald die Ernte begonnen hat, ändert sich in wenigen Tagen seine gesamte Umwelt.

Wo gerade noch Pflanzen wuchsen, ist plötzlich eine riesige kahle Fläche. Der Hase erleidet dann wie auch die anderen Feldtiere, Fasan, Feldhamster und Rebhuhn einen regelrechten Ernteschock. Nahrung und Verstecke sind vernichtet. Wie soll er sich nun vor Hunger und Feinden schützen?

Wörteranzahl: 119

Den stimmhaften (gesummten) s-Laut schreibt man immer als s.

28/1/08
Fehler: 2,5

Der Strauß

Der größte zurzeit lebende Vogel ist der Strauß. Er ist ein außergewöhnlicher Vogel, denn er kann nicht fliegen. Er kann sich nur zu Fuß fortbewegen.

Er bewohnt die Wüsten und Steppen Afrikas und Westasiens. Ungefähr 2,5 m über dem Boden befindet sich der kleine Kopf mit den großen Augen. Seine Beine sind ungefähr genau so lang wie sein Hals, der nur mäßig mit borstenähnlichen Federn bewachsen ist. Das Gefieder des männlichen Straußes ist glänzend schwarz, weiße Federn treten daraus hervor.

Auf kurzen Strecken kann er so schnell laufen, dass ein Rennpferd ihm kaum folgen kann. Seine Schritte können bis zu 4 Meter lang sein. Es heißt, der Strauß stecke bei Gefahr seinen Kopf in den Sand, aber beobachtet hat es noch niemand.

Wörteranzahl: 122

Den stimmlosen (gezischten) s-Laut schreibt man nach langen Vokalen und nach einem Doppellaut (Diphthong) als ß: **groß, Strauß**

22/1/08

Trinkwasser, unser wichtigstes Lebensmittel

Täglich braucht der Mensch mehrere Liter Wasser. Während er viele Tage lang ohne Essen auskommen könnte, muss er spätestens nach drei Tagen etwas trinken.

Wasser ist also sehr kostbar. Die meisten Menschen finden, dass frisches sauberes Trinkwasser einfach herrlich schmeckt. Es ist kaum zu fassen, dass es manchmal ein paar hundert Jahre unter der Erde war.

Da manche Leute heute nicht mehr wagen, Wasser aus dem Wasserhahn zu trinken, kaufen sie Flaschen gefüllt mit Grundwasser, das aus klaren Seen und Flüssen geholt wird, die viele Meter unter der Erde liegen. Dieses Wasser ist ganz allmählich durch Sand und Gestein gesickert, wobei es besser gereinigt und frisch gehalten worden ist, als das den Menschen mit ihren Apparaten und Kühlschränken möglich ist.

Wörteranzahl: 120

Den stimmlosen (gezischten) s-Laut schreibt man nach kurzen Vokalen als ss: **Wasser, besser**

28/11/08
Fehler: 2

Manege frei!

Die Begeisterung war riesig, als unsere Lehrerin einen Klassenausflug in den Zirkus vorschlug. Mit der Straßenbahn fuhren wir zur Vorstellung. Nachdem uns der Direktor begrüßt hatte, trat der erste Artist auf. Ein Messerwerfer ließ seine spitzen Geschosse durch die Luft sausen. Die schusseligen Clowns machten ihre Späße mit einem Affen. Statt den Clowns eine Kokosnuss zuzuwerfen, aß er sie genüsslich auf. Dann kam ein Elefant in die Manege. Mit seinen großen Füßen stieg er behutsam über Hindernisse. Plötzlich schnappte er sich einen Eimer mit Putzwasser, steckte seinen Rüssel in das Gefäß, saugte die dreckige Soße auf und blies sie den Clowns ins Gesicht. Wir prusteten vor Lachen. Was für ein lustiger Klassenausflug!

Wörteranzahl: 112

Das stimmhafte (gesummte) s schreibt man als einfaches „s“:
riesig, blies, sausen

Das stimmlose (gezischte) s schreibt man
- nach Doppellaut (Diphthong) (au, äu, eu, ei, ie) und langem Vokal als „ß“: **Späße, Gefäß, ließ**
- nach kurzem Vokal oder Umlaut als „ss“: **Rüssel, Genuss, Geschosse**
- in Wörtern mit den Endungen -is, -as, -us, -nis als „s“: **Zirkus**

Das Nusshausener Schulfest

Das Nusshausener Schulfest war ein riesiges Spektakel. Fast jeden August fand es statt. Jedes Mal kamen riesige Massen von Besuchern, manche mit dem Bus, manche zu Fuß. Die Fünftklässler hatten sogar eine Misswahl organisiert. Siegerin wurde Laura, obwohl sie an diesem Tag ziemlich blass aussah. Außerdem riss ihr Hosenträger und sie fiel fast auf die Nase. Das lag vielleicht an ihren Schuhen, die ein bisschen zu groß waren und ihr nicht passten. Oder es war ihr hässlicher Anzug, der auf dem Boden schleifte. Mit dem riesigen Hut auf dem Kopf sah sie aus wie ein Walross. Es muss also ihr fesselndes Lächeln gewesen sein, das die Preisrichter überzeugte. Hatte sie jemanden mit einem Kuss bestochen?

Wörteranzahl: 115

Nach kurzem, betontem Vokal schreibt man das stimmlose s als „ss“: **Misswahl**

Bei Fremd- oder Lehnwörtern kann im selben Fall aber auch nur ein einfaches „s“ stehen: **Bus**

Nach langem Vokal oder Doppellaut (Diphthong) schreibt man das stimmlose s als „ß“: **groß**

16/10/07
3 Fehler

Ohren in Gefahr

Immer wieder ist in der Zeitung zu lesen, dass laute Musik den Ohren schadet. Das weiß auch Jonas. Trotzdem dreht er manchmal das Radio, das ihm seine Oma zu Weihnachten geschenkt hat, so laut auf, dass die Wände wackeln. Er ist sich sicher, dass sein Gehör das gut verkraften kann. Schließlich ist er ja noch so jung, das ist dann nicht so schlimm. Außerdem macht er das ja nicht immer so. Allerdings vermutet er, dass seine Oma noch nie Zeitung gelesen hat, denn sie ist stark schwerhörig. Entweder hat sie immer zu laut Radio gehört oder sie war zu oft in der Disko. Das ist doch klar.

Wörteranzahl: 107

Die Konjunktion **dass** wird mit „ss" geschrieben.

Der Artikel **das** und das Relativ- und Demonstrativpronomen **das** wird mit „s" geschrieben.

Nach einem langen Vokal oder einem Doppellaut (Diphthong) schreibt man das stimmlose s als „ß": **weiß**

Meister Eder isst gerne alleine

Gestern fand Meister Eder in seinem Müsli einen Seestern. Dieser erzählte ihm von der großen, weiten Welt. Er stammte aus einem kleinen Meer, das mit Salzwasser gefüllt ist.

Meister Eder gab dem hungrigen Seestern ein Stück Salamibrot, das er zubereitet hatte. Der Seestern biss herzhaft in die Schnitte. „Weißt du eigentlich, wie lange ich schon keine Wurst mehr gegessen hatte?", fragte das seltene Tier den Schreinermeister und fraß dessen gesamte Speisekammer leer. Außerdem verspeiste er noch sechs Käsebrote. Aber mit den Weihnachtssternen aus Lebkuchen hatte er Mitleid. Er konnte doch keine anderen Sterne essen. Das brachte er nicht übers Herz.

Meister Eder ärgerte sich maßlos. Er schnappte sich den Vielfraß und ließ ihn unsanft in die Badewanne segeln. „Auf eine solche Gesellschaft kann ich beim Essen gerne verzichten", flüsterte er.

Wörteranzahl: 130

Nach kurzem, betontem Vokal schreibt man das stimmlose s als „ss": **isst**

Nach langem Vokal oder Doppellaut (Diphthong) schreibt man das stimmlose s als „ß": **fraß**

8/1/08
3 Fehler

Der wandelnde Wochenmarkt

Bereits seit Ostern dachte Sven darüber nach, wie er sich zu Fastnacht im nächsten Jahr verkleiden könnte. Im Herbst hatte er die beste Idee: „Ich werde ein Lebensmittelgeist sein“, hustete er. Aber er wusste noch nicht genau wie. Deshalb ging er eines Morgens in den Garten und suchte nach Sachen, die er benutzen konnte. Er fand einen Maiskolben für die Nase, einen halben Kürbis als Hut, nahm etwas Gras und Kresse für die Haare und machte sich aus dreißig Walnüssen eine Halskette. Seine Füße steckten in zwei Obstkisten und um den Bauch befestigte er ein großes Heringsfass. Außerdem klebte er sich Weißwürste auf die Arme, die sich aber wieder ablösten. Als er am Fastnachtsdienstag in den Bus stieg, musste er über sich selbst lachen.

Wörteranzahl: 124

Das stimmhafte s schreibt man immer als einfaches „s“: **sein**

Nach kurzem, betontem Vokal schreibt man das stimmlose s als „ss“: **musste**

Ausnahmen bilden oft Lehn- und Fremdwörter, in denen nur ein „s“ vorkommt: **Kürbis**

Nach langem Vokal oder Doppellaut (Diphthong) schreibt man das stimmlose s als „ß“: **dreißig**

Glaskunst

Heinrich, der Glasglockengießer, arbeitet jeden Tag wie besessen. Von morgens bis abends muss er Glas verflüssigen, Maß nehmen und Gussformen vorbereiten. Er weiß, dass er das besser kann als alle anderen, deshalb kommen Interessierte aus der ganzen Welt zu ihm. Sogar Prinzessin Vanessa will eines seiner gar nicht hässlichen Kunstwerke besitzen. Die sind nämlich keine Massenware, denn jede Glocke sieht anders aus. Der Meisterastronom von Wiesbaden bestellt zum Beispiel regelmäßig zu Ostern Globusglocken. Der wissbegierige Bürgermeister von Düsseldorf dagegen kauft stets Kontrabässe in blassen Blautönen. Einmal hatten diese Glocken Risse auf der Außenseite, da verkaufte sie Heinrich zum halben Preis. Seine bekannteste Spezialität sind jedoch kleine Kristallherzen, die wie flüssiges Eis aussehen. Wer sie küsst, hört die schönsten Liebeslieder der Welt.

Wörteranzahl: 121

Das stimmlose s:
- nach kurzem, betontem Vokal steht „ss“: **muss, dass, Prinzessin**
- bei Fremd- oder Lehnwörtern steht nach kurzem Vokal auch einfaches „s“: **Globus**
- nach langem Vokal oder Doppellaut (Diphthong) schreibt man „ß“: **Maß, Außenseite, mäßig**

22/1/08 6 Fehler

Herr Gantenbein macht Urlaub

Das Reisebüro hatte Herrn Gantenbein Ferien auf dem Pferdehof empfohlen. Jetzt freute er sich, dass er die großen Vierbeiner endlich aus der Nähe sehen konnte. Bislang wusste er von den edlen Tieren nur aus Gedichten und Erzählungen. Während der Begrüßung auf der Koppel stand er so ungünstig, dass ihm ein großer, schwarzer Wallach auf den Fuß trampelte. Das regte ihn so sehr auf, dass er sich bei der Besitzerin des Reitstalles beschwerte. Aber die zeigte nur auf das Schild, das am Eingang stand. Darauf war zu lesen, dass jeder Besucher alte Schuhe anziehen sollte. Das hatte Herr Gantenbein wohl übersehen. Jetzt ärgerte er sich, dass er nur seine teuren, glänzenden Tanzschuhe dabei hatte. „Das sollte mir nicht mehr passieren“, dachte er sich und für den Rest seiner Ferien lief er nur noch barfuß durch die Gegend.

Wörteranzahl: 136

Die Konjunktion „dass“ wird mit „ss“ geschrieben.
Mit „s“ geschrieben werden:
- der Artikel „das“: **das Reisebüro**
- das Relativ- und Demonstrativpronomen „das“: **das Schild, das ...**

Die Loreley geht zum Friseur

Seit langem geht die Loreley zu Friseur Sausemann, um sich ihr seidenweiches Haar immer wieder blond färben zu lassen. Was soll sie machen? Sie ist schließlich nicht mehr die Jüngste. Aber trotz ihrer hundertsiebzig Jahre soll sie immer noch auf dem kalten Felsen am Rhein sitzen und ihr schillerndes Haar kämmen. Jetzt hat sie die Nase voll. Immer diese Sehnenscheidenentzündung! Sie geht zu ihrem Friseur und lässt sich mit einem Rasierapparat eine Glatze schneiden. „Super", denkt sich die Loreley, „endlich nicht mehr kämmen!" Nun kann sie dafür jeden Tag Zeitung lesen! Den goldenen Kamm, den sie nicht mehr braucht, verkauft sie im Seniorentreff. Das Geld verwendet sie für Sonnencreme im Sommer und eine Pudelmütze im Winter. Ob sie auch ein Glatzenpoliermittel braucht?

Wörteranzahl: 122

Das stimmhafte s wird immer als einfaches „s" geschrieben:
sie, Felsen, lesen

Fasching bei den Bienen

Jedes Jahr im Februar gerät das Bienenvolk in Aufruhr. Der bevorstehende Karneval lässt tausende Insekten emsig summen. Und wie jedes Jahr gibt es einen hässlichen Streit, welche der fleißigen Sammlerinnen sich als Königin verkleiden darf. Dieses Mal wird eine dicke Riesenhummel ausgesucht, die im Bienenstock seit September Asyl gefunden hat. Sie führt den Blütenumzug an, der rund um einen blassen Kürbis ziehen wird. Sieben Bienenkinder sitzen auf besonders verzierten Sonnenblumen und quasseln ohne Unterlass. Nebenbei werfen sie süße Honigbonbons, die surrend in die singende Menge sausen. Ein Insekt im Wespenkostüm wird mit Nektarinensaft nass gespritzt. Nach Sonnenuntergang feiern alle ausgelassen, bis in den frühen Morgenstunden der Tau auf die Wiesen prasselt.

Wörteranzahl: 111

Das stimmhafte s wird immer als „s" geschrieben: **emsig, summen, sausen**

Das stimmlose s wird geschrieben
- nach einem kurzen Vokal als „ss": **hässlich, quasseln, nass**
- nach einem langen Vokal oder Doppellaut (Diphthong) als „ß": **süß, fleißig**
- bei Fremd- und Lehnwörtern mit einfachem „s": **Kürbis, Bus, Mais**

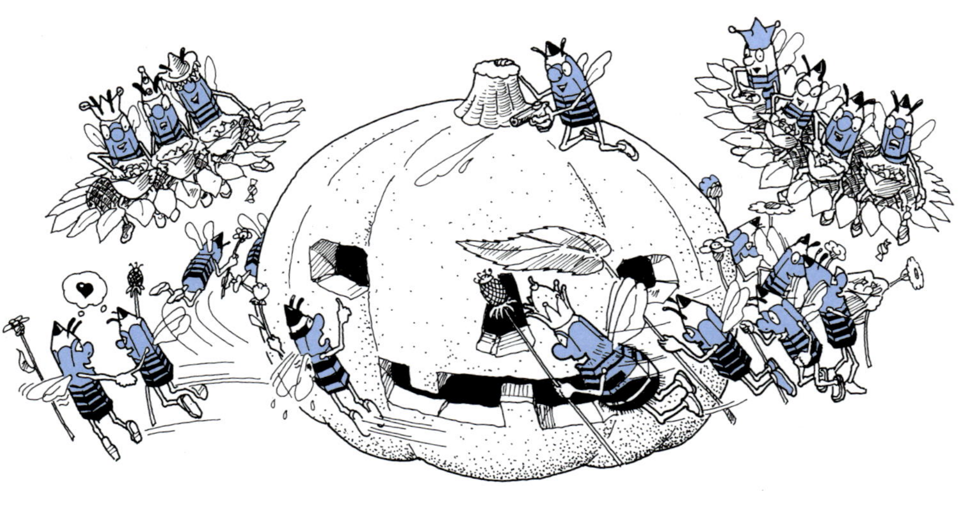

Wochenendtrip

Holger und Gerd beschlossen, das Angebot, das sie an der Litfaßsäule gelesen hatten, anzunehmen. Schließlich ist es ja nicht weit entfernt von uns – das Elsass.

Eine Bustour für junge Leute wurde versprochen, jede Menge Spaß und als Ziel das Ungewisse. Petra wollte da eher Maß halten und misstraute den überschwänglichen Versprechen. Aber Holger war wie immer der Boss und entschied: Wir fahren am Freitagabend!

Es war schon eine harte Nuss, in dem klapprigen, alten Bus die Fahrt zu überstehen. Zu allem Überdruss wurden sie in ein uraltes Gemäuer einquartiert und sie hausten in einem düsteren Raum. Das Essen war außerdem sehr spärlich, und los war auch nichts.

Ganz vermiesen lassen wollten sich die drei Freunde ihr Wochenende nicht. Ihre Eltern hatten einen Zuschuss für diese Ausflugsfahrt spendiert, sie taten sich selber leid und so fiel der Beschluss, dass sie in dem nahegelegenen Lokal eine Spezialität des Elsass genießen wollten: Flammkuchen aus dem Holzbackofen.

Mit dieser positiven Erinnerung fuhren sie am Samstagabend nach Hause. Das nächste Mal erkundigen sie sich aber besser über die Reisebedingungen!

Wörteranzahl: 174

Die s-Laute:
- „ß" steht nach langem Vokal oder nach einem Diphthong: **schließlich**
- Nach kurzen Vokalen erfolgt Verdoppelung des stimmlosen s – unabhängig von seiner Stellung im Wort (als Präfix, am Ende, …): **Boss**

Beachte:
Bei Eigennamen bleibt die Schreibweise mit „ß" auch entgegen der Regelung erhalten: **Litfaßsäule**

Aber:
Eingedeutschte geographische Begriffe unterliegen den deutschen Rechtschreibregeln: **Elsass**

Dummys

Die moderne Mobilität hat auch Schattenseiten. So sehr das eigene Auto dem Menschen eine größere Freiheit beschert hat, so groß sind auch die damit verbundenen Gefahren. Eigentlich muss man aufs Schlimmste gefasst sein. Immer wieder passieren grässliche Unfälle.

Es ist der Cleverness des Menschen zuzuschreiben, dass er dem menschlichen Körper nachempfundene Puppen erfunden hat, die an seiner Stelle Versuche mit Unfällen „erdulden": die Dummys. Sie werden auf den Sitzen der Pkws angegurtet. Die Fahrzeuge werden mit voller Wucht wie ein Geschoss gegen eine Wand geschleudert, aus großer Höhe bis zum abrupten Stopp fallen gelassen oder von anderen Fahrzeugen gerammt, um möglichst realistisch Zusammenstöße zu simulieren.

Die Dummys werden im Nachhinein genauestens untersucht. Die Ergebnisse dieser Crashtests fließen in einen Entwicklungsprozess ein, der die Gefahr beim Autofahren mindert.

Reale Schlussfolgerungen aus diesen Versuchen sind gewiss der Airbag zum Abfangen des Aufpralls und wesentliche Erkenntnisse für die Optimierung von Kindersitzen und Haltesystemen für Babys.

Wörteranzahl: 152

Nach langem Vokal und Diphthong schreibt man das stimmlose s als „ß": **groß**

Nach kurzem Vokal schreibt man das stimmlose s als „ss": **grässlich**

Tagesablauf einer jungen Spitzensportlerin

Schon um 5 Uhr morgens fällt die Tür hinter Steffi ins Schloss, wenn sie in ihrem Jogginganzug durch die engen Gässchen rennt, um ihre Ausdauer zu stärken. Meist ist sie dann ganz nass geschwitzt. Die geeignete Abkühlung erlebt sie anschließend in der Schwimmhalle ihres Vereins. Die junge Schwimmerin muss schon manchmal die Zähne aufeinanderbeißen, wenn sie alle geforderten Trainingsbahnen absolvieren soll. Aber ihr ist bewusst: Wenn das Messergebnis ihrer geschwommenen Zeiten gut ist, wird ihr Trainer den Entschluss fassen, dass sie beim nächsten Wettkampf teilnehmen darf.

Allzu lange kann sie auch hier nicht verweilen – sie muss ja noch in die Schule. Und danach kann sie immer noch nicht müßiggehen. Meistens isst sie mittags am Imbissstand nur einen Hamburger mit Ketschup.

Am Nachmittag findet ihre bestgehasste Disziplin statt: Krafttraining in der so genannten Folterkammer. Dagegen ist das erneute Üben im gewohnten Nass der reinste Spaß.

Erst am Abend darf Steffi sich in ihrer Familie etwas gehen lassen. Ihre Mutter kocht ihr ein eiweiß- und vitaminreiches Essen, der Vater unterstützt sie ein bisschen bei den Hausaufgaben – nur ihr Bruder ärgert sie zu allem Verdruss!

Wörteranzahl: 182

Nach kurzem, betontem Vokal schreibt man das stimmlose s als „ss“: **Schloss**

Nach langem Vokal oder Diphthong schreibt man das stimmlose s als „ß“: **Spaß**

Zuckersüß

Zucker entsteht im Ernährungskreislauf von Pflanzen. Mithilfe des Sonnenlichts verwandelt die Pflanze die im Wasser gelösten Nährstoffe durch Assimilation in Zucker beziehungsweise Stärke und lagert diese ein. Beim Genuss von reifen Früchten ist die Süße deutlich zu spüren.

Zur industriellen Gewinnung von Zucker werden vornehmlich Zuckerrohr und -rüben verwendet. Dieses Verfahren auf der Basis von Zuckerrohrsaft wurde im 4. Jahrhundert in Indien entdeckt. Die Araber verfeinerten die Gewinnungsmethoden. Zur Zeit der Kreuzzüge gelangten die Kenntnisse zur Zuckerherstellung nach Europa. Dass wir heute in der Herstellung autonom sind, verdanken wir A. S. Marggraf, der 1747 die Gewinnung aus Rüben von den heimischen Feldern entdeckte.

Auch heute noch wird mit heißem Wasser der Zucker aus der Rübe herausgelöst und zu Sirup eingekocht, in dem sich langsam Zuckerkristalle bilden. Die Sirupreste werden vollends herausgeschleudert. Es bleiben glasklare Zuckerkristalle zurück. Durch den gleichen Effekt wie beim Schnee – nämlich durch die Lichtbrechung in den Kristallen – entsteht der Eindruck, der Zucker sei reinweiß.

Verwendung findet der Zucker auch als Puderzucker, ein sehr fein gemahlener Kristallzucker, oder als Würfelzucker, ein im feuchten Zustand gepresster Kristallzucker.

Wörteranzahl: 178

Das stimmhafte s wird als einfaches „s" geschrieben: **Basis**

Nach kurzem, betontem Vokal schreibt man das stimmlose s als „ss": **Genuss**

Nach langem Vokal oder Diphthong schreibt man das stimmlose s als „ß": **Süße**

Zeit ist relativ

Die meisten Menschen kennen Situationen, in denen man den Eindruck hat, dass die Zeit nicht vergeht. Vor allem manche Schulstunden ziehen sich fast endlos in die Länge; alle zwei Minuten schaut man auf die Uhr, nur um zu sehen, dass einen noch Ewigkeiten von der heiß ersehnten Pause trennen. Und bevor man wieder in ein sanftes Dösen versinkt, kann man es gar nicht fassen, dass kurz zuvor beim hastigen Morgenstress die Zeit nur so davongerast ist.

Das lässt sich aber leicht erklären, denn man nimmt das Vergehen von Zeit nicht objektiv, sondern subjektiv wahr. Jeder weiß, dass glückliche Augenblicke sehr schnell vergehen und dass man in Zeiten von Traurigkeit und Depression in ein beinahe bodenloses Zeitloch fällt. Das liegt daran, dass in unserem Gehirn jedes Ereignis, das passiert, mit einer Art Zeitmarkierung erfasst wird. Wenn zahlreiche Ereignisse schnell aufeinanderfolgen, tickt der innere Zeitmesser schneller. Das heißt, eine interessante und abwechslungsreiche Schulstunde vergeht im Fluge, der verhasste todlangweilige Unterricht in einem anderen Fach findet kein Ende. Auch wenn man verreist, lässt sich erkennen, dass man Zeit mit einem unterschiedlichen Maß misst: Der erste Ferientag scheint gegen Ende des Urlaubs Ewigkeiten zurückzuliegen, dabei sind nur zwei Wochen vergangen.

Wörteranzahl: 196

- Das stimmhafte s schreibt man immer als „s“: **Pause, das Dösen**
- Nach einem langen Vokal oder einem Diphthong schreibt man das stimmlose s als „ß“: **heiß, Maß**
- Nach kurzem Vokal schreibt man das stimmlose s als „ss“: **fassen**
- „das“ ist entweder Artikel, Relativ- oder Demonstrativpronomen: **das** Ereignis, **das** …, **Das** liegt daran …
- „dass“ kommt nur als Konjunktion vor: Man hat den Eindruck, **dass** …

Unangenehme Post

Sehr geehrte Frau Mustermann,

ich muss Sie darauf aufmerksam machen, dass das Verhalten Ihres Sohnes Markus in letzter Zeit Anlass für eine gewisse Besorgnis gab. Zum einen fällt seine Unkonzentriertheit im Unterricht auf, zuweilen scheint er zu dösen oder gar in tiefen Schlaf zu verfallen. Manche Lehrkräfte beklagen sich, dass er während der Stunde isst, obwohl er mehrmals darauf hingewiesen wurde, dass das Verspeisen von Mahlzeiten ausschließlich in der Pause zulässig ist. Hinzu kommt eine wiederholte Vergesslichkeit, die sich nicht nur auf die häuslichen Arbeiten bezieht, sondern ebenso auf die für den Unterricht notwendigen Materialien. Seine beinahe täglichen Verspätungen erklärt er mit einer ungünstigen Busverbindung. Mehrmals musste ihm überdies zwar unmissverständlich, aber dennoch vergeblich klar gemacht werden, dass es unpassend ist, außerhalb der Faschingszeit kostümiert im Unterricht zu erscheinen. Wie Sie sicherlich wissen, haben seine Leistungen erheblich nachgelassen, und er weist in allen Fächern große Lücken auf. Da sich die oben erwähnten misslichen Vorfälle in erheblichem Maße gehäuft haben, halte ich es für unerlässlich, dass wir in einer meiner Sprechstunden geeignete Maßnahmen erwägen, wie Ihr Sohn in Zukunft in wünschenswerter Weise am Schulleben teilnehmen sollte.

Mit freundlichen Grüßen, der Schulleiter.

Wörteranzahl: 190

- Das stimmhafte s schreibt man immer als „s“: **Besorgnis, Weise**
- Nach einem kurzen Vokal schreibt man das stimmlose s meistens als „ss“: **isst, musste**
- „dass“ kommt nur als Konjunktion vor: beklagen sich, **dass** …
- Nach einem langen Vokal oder einem Diphthong schreibt man das stimmlose s als „ß“: **ausschließlich, Grüßen**

Ausgegrenzt

Kennst du das? Da stehen ein paar Klassenkameraden auf dem Pausenhof. Du willst dich zu ihnen gesellen, ein bisschen mitschwatzen. Doch kaum stehst du bei ihnen, verstummt das Gespräch. Dass irgendetwas nicht stimmt, das merkst du sofort. Du kannst natürlich versuchen, gelassen zu bleiben, das letzte Fußballspiel zu erwähnen oder einen Witz zu reißen. Aber spätestens, wenn alle in die Luft schauen oder sich zerstreuen, weißt du es mit Gewissheit: Du bist ein Außenseiter.

Dass Menschen ausgeschlossen werden, kommt immer wieder vor. Dabei geben sie oft keinen anderen Anlass für diese Ablehnung, als dass sie nur anders sind. Es muss gar nicht die Hautfarbe sein oder eine Behinderung. Für eine Ausgrenzung reicht manchmal schon, dass man sich anders kleidet oder anders denkt.

Aber hat nicht schließlich jeder seine Eigenheiten, mit denen er sich von anderen unterscheidet? Es ist ein ziemlich grässliches Gefühl nicht dazuzugehören. Außerdem kann es jedem passieren, der sich in einer neuen Umgebung anpassen muss. Lasst also nicht zu, dass dies bei euch geschieht und vergesst nicht, dass es ein Armutszeugnis ist, sich auf Kosten anderer zu beweisen.

Wörteranzahl: 180

- Das stimmhafte s schreibt man immer als „s“: **gesellen, beweisen**
- Nach einem langen, betonten Vokal oder einem Diphthong schreibt man das stimmlose s als „ß“: **Fußballspiel, reißen, weißt**
- Nach einem kurzen Vokal schreibt man das stimmlose s meistens als „ss“: **Gewissheit, grässlich**
- „das“ als Artikel: **das** Gespräch
  „das“ als Demonstrativpronomen: Kennst du **das**?
  „dass“ kommt nur als Konjunktion vor: **Dass** Menschen …

Urlaubsstress

Wenn man verreisen will, muss man aufpassen, dass man nichts Wichtiges vergisst. Der klassische Fall ist, dass man einen Tag vor der Abreise in ein fernes Land feststellt, dass der Pass schon seit Monaten abgelaufen ist. Wenn man schnell zum Rathaus hastet und Glück hat, trifft man auf einen gnädigen Beamten, der einem vor Dienstschluss die notwendigen Ersatzdokumente verschafft. Aber Vergesslichkeit kann sich auch auf andere Weise als sehr misslich erweisen. Das ist beispielsweise der Fall, wenn man genüsslich im Zug zum Flughafen sitzt und einem einfällt, dass man im letzten Moment versäumt hat, die Terrassentür zu schließen, die nun drei Wochen lang sperrangelweit offen stehen wird. Wer sich nicht auf hilfsbereite Nachbarn verlassen kann, wird seine sonnigen Ferientage nicht in der gebotenen Muße verbringen können. Manchen Fernreisenden ist es auch schon passiert, dass sie erst am Flughafenschalter das Fehlen eines notwendigen Visums feststellen. Es ist auch nicht besonders spaßig, wenn man dort genau die Gepäcktasche vermisst, in der sich die sündhaft teure Fotoausrüstung befindet, weil man sie im Zug zurückgelassen hat. So kann man den Urlaub nicht selten erst dann mit Lust und ohne Frust genießen, wenn man sich von dem Stress der Vorbereitungen erholt hat.

Wörteranzahl: 197

- Das stimmhafte s schreibt man immer als „s“: **Abreise, Weise, Visum**
- Nach einem betonten Vokal oder einem Diphthong scheibt man das stimmlose s als „ß“: **schließen, Muße, spaßig**
- Nach einem kurzen Vokal schreibt man das stimmlose s meistens als „ss“: **klassisch, vergisst**
- „das“ als Demonstrativpronomen: **Das** ist der Fall …
  „dass“ kommt nur als Konjunktion vor: …, **dass** man nichts versäumt

Tierstaaten

Auch bei den Tieren gibt es große Gemeinwesen, die auf dem Zusammenleben und auf der gegenseitigen Hilfe aller Mitglieder aufgebaut sind.

Solche Staaten finden wir bei den Insekten, z. B. bei den Hummeln, Bienen und Ameisen. Bei diesen Tieren sind es aber immer nur die Weibchen, die am Aufbau und der Erhaltung des Staates mitarbeiten. Sie bilden ein großes Heer von Arbeiterinnen, die alle Nachkommen einer Königin sind. Sie führen die Bauarbeiten aus, kümmern sich um die Reinigung, die Nahrung und die Verteidigung. Außerdem übernehmen sie die Pflege der Nachkommen.

Wörteranzahl: 90

Kennzeichen für die Dehnung
- ie: **Tiere, die**
- Dehnungs-h: **Nahrung, übernehmen**
- Doppelvokal: **Staaten, Heer**

Drei Getränke aus Übersee

Drei bekannte Getränke, die sich bei uns großer Beliebtheit erfreuen, stammen von Pflanzen, die in fernen tropischen Ländern wachsen.

Alle drei Pflanzen brauchen ein sehr warmes Klima. Diese Getränke sind der Tee, der Kaffee und der Kakao. Da Kaffee lange Zeit ein sehr teures Getränk war, trank man Kaffeeersatz, wie z. B. Malzkaffee. Aber der Kaffeeersatz schmeckte den meisten Menschen nicht gut. Tee besteht aus den getrockneten Blättern des Teestrauches, der Kaffee aus den Bohnen des Kaffeebaumes und der Kakao aus den Bohnen des Kakaobaumes. Ein großer Teil des Kaffees und des Kakaos kommt aus Brasilien, also aus Südamerika. Der Tee kommt vor allem aus den asiatischen Ländern Indien und Sri Lanka.

Wörteranzahl: 112

Kennzeichnung des langen e:
- ohne Kennzeichnung: **den**
- eh: **sehr**
- Doppelvokal: **Tee**

Bei zusammengesetzten Wörtern bleiben alle drei Vokale erhalten: **Kaffeeersatz**
Hier bietet sich eine zweite mögliche Schreibweise an, nämlich mit Bindestrich: **Kaffee-Ersatz**

Pflanzen in der Wüste

In den weiten Wüstengebieten Afrikas wachsen nur wenige Pflanzen, denn es vergehen manchmal viele Jahre, bis es wieder regnet.

Doch es gibt ein paar Stellen, an denen ein reiches Pflanzenleben möglich ist. Das ist in den Oasen der Fall. Dort kommt das Grundwasser aus einer Quelle zutage oder es kann durch Brunnen heraufgeholt werden. In den Oasen wachsen Zitrusfrüchte, Obst, Gemüse und Dattelpalmen, deren Früchte ein besonders wichtiges Nahrungsmittel der Wüstenbewohner sind.

Von den großen Flüssen aus sind mithilfe kluger Bewässerungsanlagen schon seit Jahrtausenden weite Gebiete der Wüstengebiete fruchtbar gemacht worden, sodass dort sogar mächtige Staaten entstehen konnten.

Wörteranzahl: 98

Kennzeichnung des lang gesprochenen a:
- ohne Kennzeichen: **Oasen**
- ah: **Nahrungsmittel**
- aa: **paar**

Beachte:
Bei folgenden Wörtern sind zwei Schreibweisen korrekt:
zutage / zu Tage
mithilfe / mit Hilfe
sodass / so dass

Zusätzlich kann die Schärfung durch Konsonantenverdoppelung geübt werden. Diese Wörter sind nicht gekennzeichnet.

Kuschelige Wollpullover

Pullover werden aus Wolle, Synthetikfasern oder einer Mischung dieser beiden hergestellt. In jedem Pullover ist ein Etikett, auf dem die genaue Zusammensetzung steht. Am besten wärmen Pullover aus Wolle. Dazu nimmt man meistens die Wolle von Schafen. Verschiedene Schafarten geben verschiedene Wollarten. Die feinste Wolle stammt von den Merinoschafen, die vor allem in Australien gezüchtet werden.

In Deutschland gibt es über eine Million Schafe, die einmal im Jahr geschoren werden. In Wollwaschanlagen wird die Wolle gewaschen. Dann wird sie in einer Maschine entkräuselt. Die Wollfasern werden in einer Spinnmaschine versponnen. Nun kann aus den Wollfäden ein Pullover gestrickt werden.

Wörteranzahl: 99

Schärfung mit Doppelkonsonanten: **Wolle, nimmt, kann**

Die Schmetterlinge

Schmetterlinge gehören zu den Insekten. Wie alle Insekten haben sie sechs Beine und einen Körper, der aus drei Teilen besteht. Schmetterlinge tasten und riechen mit ihren Fühlern. An den Beinen haben sie Krallen, mit denen sie sich an den Blütenblättern festhalten. Alle Schmetterlinge haben vier Flügel, die sich gleichzeitig bewegen. Wenn sie ausruhen, klappen sie die Flügel auf dem Rücken zusammen. Dadurch verbergen sie ihre bunt gefärbten Flügeloberseiten vor den Augen der Feinde.

Schmetterling* heißt eigentlich Butterfliege. Früher glaubte man, dass sich Hexen in Schmetterlinge verwandelten, um den Bauern Milch, Käse und Butter zu verderben.

Wörteranzahl: 95

Schärfung mit Doppelkonsonanten: **Schmetterling, Blätter, Krallen**

*In England sagt man für Schmetterling „butterfly". „Schmetter" kommt von Schmetten = Sahne (tschechisch, ostmitteldeutsch), Schmettenkäse (ostmitteldeutsch).

Mein Kätzchen Moritz

Seit letzter Woche haben wir einen kleinen Kater. Wir haben ihn Moritz genannt. Moritz ist ganz schwarz mit einem winzigen weißen Fleck auf der Stirn. Wenn ich ihn streichele, schnurrt er behaglich. Vor zwei Tagen haben wir einen Kratzpfosten aufgestellt, damit er seine Krallen daran wetzen kann. Sein Schlafplatz ist in einer ruhigen Ecke in einem gemütlichen Korb mit einer Decke. Aber Moritz schläft überall gern, oben auf dem Bücherregal oder mitten auf meinem Bett. Am liebsten aber sitzt er zwischen den Pflanzen auf der Fensterbank in der Küche. Abends schleicht er gerne durch den Garten. Wie ein Tiger lauert er dann regungslos auf seine Beute. Gestern hat er mir eine tote Maus vor die Füße gelegt. Er ist ganz stolz auf seinen Erfolg gewesen.

Wörteranzahl: 125

Wörter mit
lz: **stolz**
nz: **winzig, ganz**
rz: **schwarz**
tz: **Moritz, wetzen**

Woher kommt der Wein?

Wenn im Herbst die Trauben reif sind und zuckersüß an den Weinstöcken hängen, beginnt die Weinlese. An den steilen Berghängen, wo die Weinstöcke eng beieinanderstehen, müssen die Trauben auch heute noch mit der Hand gepflückt werden. In der Traubenmühle werden die Stiele entfernt und die dicken saftigen Früchte gepresst.

Dann wird der Traubensaft in großen Fässern gelagert. Hierbei verwandeln Hefepilze den Zucker allmählich in Alkohol. Nach acht bis zehn Tagen ist der neue Wein fertig. Nun beginnt der Wein, der jetzt noch länger lagert, seinen besonderen Geschmack zu entwickeln. Jede Weinsorte hat nun ihren eigenen Geschmack.

Wörteranzahl: 96

Wörter mit ck: **Zucker, Geschmack, pflücken**

Der Start

Weil Formel-1-Autos keinen Anlasser haben, werden sie von außen in der Startaufstellung angelassen. Das Feld fährt los und geht in die Einführungsrunde, in der kein Fahrer überholen darf. In langsamem Tempo wird eine Runde gefahren, damit die hochsensiblen Reifen auf die richtige Betriebstemperatur kommen.

Langsam fährt das Feld auf die Start- und Zielgerade zu, und jedes Fahrzeug rollt zu seinem Startplatz. Wenn alle Fahrzeuge stehen, beginnt der Start, der interessanteste und gefährlichste Moment bei einem Formel-1-Rennen.

Über der Start- und Ziellinie sind fünf rote Ampeln angebracht, die nacheinander aufleuchten. Jetzt sind alle fünf Ampeln rot, die Spannung ist auf dem Höhepunkt! Plötzlich gehen die Lichter aus, und der Start ist freigegeben. Die Fahrer beschleunigen und schießen auf die erste Kurve zu, in der hoffentlich alles gut geht.

Wörteranzahl: 127

Wörter mit Dehnungs-h: **fährt, Fahrer, Einführung, gefährlich**
Wörter mit gesprochenem h: **Höhepunkt, gehen, stehen**

Gar nicht so einfach für kleine Fohlen!

Fohlen kommen im Frühjahr zur Welt, nachdem sie elf Monate im Leib der Mutter waren. Schon zwei Stunden nach der Geburt kann das Fohlen stehen.

Es fällt ihm zunächst gar nicht so leicht, auf den langen, dünnen Beinen zu stehen und zu gehen. Da ist nach mehreren Versuchen eine Belohnung und Stärkung angesagt. Das Pferdekind sehnt sich nach einer wohlschmeckenden Milchmahlzeit. Und ganz ehrlich, die hat es nach der Anstrengung auch verdient! Ein Fohlen kann bis zu zehn Liter Milch pro Tag trinken.

Wenn es Gras frisst, muss es seine Vorderbeine spreizen, denn sein Hals ist noch ziemlich kurz. Fohlen sind neugierig und erkunden gerne das Gelände. Aber sie sind auch sehr ängstlich und laufen bei Gefahr sofort zu ihrer Mutter. Um sich ganz sicher zu fühlen, verstecken sie sich unter ihr.

Wörteranzahl: 132

Kennzeichnung für die Dehnung ist die Schreibung mit Dehnungs-h: **ihm, Fohlen, zehn, Frühjahr**

Kennzeichnung für die Schärfung ist die Schreibung von Doppelkonsonanten: **Mutter, dünnen, kommen**

Der tödliche Stich

Ein Haustier besonderer Art ist die Honigbiene. Sie war ursprünglich ein Waldtier, das seine Waben in hohlen Bäumen gebaut hat. Heute halten Imker die Bienen in Bienenstöcken, d.h. in Holzkästen, deren Deckel oder Hinterwand abgenommen werden kann.

Die Menschen lieben und bewundern diese fleißigen und tüchtigen Tiere. Aber sie haben auch Angst vor ihnen. Sie haben Angst vor einem Bienenstich. Doch für wen ist dieser Stich schlimmer, für den Menschen oder für die Biene?

Sticht die Biene ein Insekt, kann sie ihren Stachel wieder herausziehen. In der elastischen Haut des Menschen aber bleiben die Stechborsten wegen der Widerhaken haften. Beim Wegfliegen wird der ganze Giftapparat der Biene aus dem Körper gerissen. Daran geht die Biene kurz darauf zugrunde.

Wörteranzahl: 119

Kennzeichnung für die Dehnung
- des i ist die Schreibung als ie: **Biene, Tiere**
- ist die Schreibung mit Dehnungs-h: **ihnen, ihren**
- ohne Kennzeichnung steht das lange i in „wider" im Sinne von „gegen": **Widerhaken**

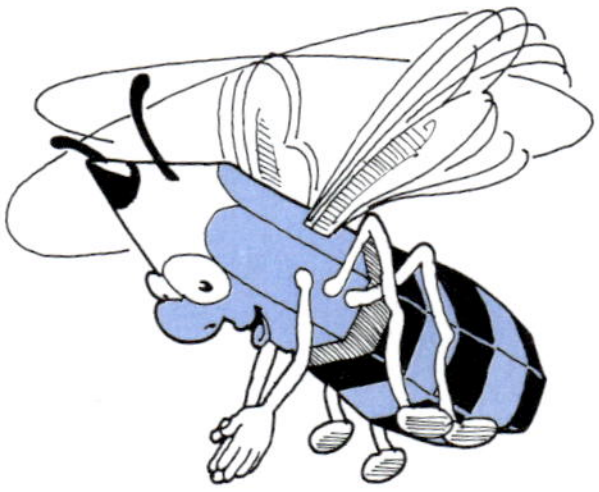

Die Weinbergschnecke

Weinbergschnecken finden wir nicht nur in Weinbergen, sondern auch in Gärten, feuchten Wiesen und Hecken. Da sie feuchte Luft zum Leben brauchen, verstecken sie sich bei trockenem Wetter.

Die Weinbergschnecke besteht aus einem harten Gehäuse und einem weichen, nackten Körper. Wenn das kriechende Tier seinen Weichkörper aus dem Gehäuse hervorstreckt, erkennt man einen kleinen Kopf und einen mächtigen Fuß. Ein Teil des Weichkörpers bleibt immer im Gehäuse verborgen. Wir nennen ihn den Eingeweidesack, weil dort alle Eingeweide verborgen sind. Am Kopf erblicken wir den Mund und zwei Paar Fühler. An dem längeren Fühlerpaar entdecken wir zwei schwarze Punkte, die Augen.

Im Winter verkriecht sich die Schnecke in den lockeren Boden und verschließt ihr Haus mit einem dicken Deckel.

Wörteranzahl: 118

Kennzeichnung für die Schärfung
- Schreibung mit Doppelkonsonanten: **erkennt, immer, Wetter**
- Schreibung von „ck“, wobei dies stellvertretend für Doppel-k steht: **Schnecke, Deckel, trocken, entdecken**

Achtung: „ck“ darf nicht getrennt werden: **Schne-cke, De-ckel**

Weißes Gold

Porzellan wird auch weißes Gold genannt. Man kann daraus wunderschönes Geschirr wie Tassen, Schalen und Krüge herstellen oder Figuren formen. Porzellan ist zerbrechlich wie Glas, aber formbar wie Ton. Wenn man es nicht bemalt, ist es strahlend weiß. Könige und Fürsten schwärmten für seine zarte Schönheit. Sie zahlten dafür viele Goldtaler an Händler aus China. Nur die Chinesen wussten, wie man Porzellan herstellt und verrieten dieses Geheimnis niemandem.

Jahrelang ließ Fürst August von Sachsen nach dem rätselhaften Rezept forschen. Dazu hatte er einen Diener in ein Verlies eingesperrt. Dieser lüftete schließlich 1708 das Geheimnis. Das war die Geburtsstunde des Meißner Porzellans. Es verhalf dem Fürsten zu großem Reichtum und Wohlstand. Der arme Diener kam aber nicht frei, damit er das Rezept nicht weitersagen konnte.

Wörteranzahl: 124

Dehnung durch
- Dehnungs-h: str**ah**lend, j**ah**relang
- die Schreibung „ie" für das lange „i": v**ie**le, l**ie**ß, D**ie**ner

Nicht sichtbare Dehnung: z**a**rt, gr**o**ß, Ch**i**na, Gl**a**s, T**o**n, Sch**a**len, Kr**ü**ge, Goldt**a**ler

Schärfung mit Doppelkonsonant: Porze**ll**an, Geschi**rr**, Ta**ss**e, ka**nn**, hergeste**ll**t, ha**tt**e

Reingefallen

Vorsichtig öffnete der Dieb die Tür. Sie war nur angelehnt. Der Schlossbesitzer schlief so tief und fest wie der Wachhund, ein lahmer, zahmer Pudel, der keine Zähne mehr hatte. Vorsichtig lief der Einbrecher in das Wohnzimmer. Plötzlich rieb er sich die Augen: Vor ihm stand eine riesige Truhe aus reinem Gold. Sie war groß wie ein Ziegenstall. Mit einem Besenstiel hob er den Deckel an und schon leuchteten ihm zahlreiche Edelsteine entgegen. Gierig lehnte er sich über die Truhe und verlor dabei das Gleichgewicht. Der Deckel fiel ins Schloss und der Dieb in eine tiefe Ohnmacht. Am nächsten Dienstag befreite ihn die Polizei. Sie ahnte schon, wer dieser dämliche Dieb war: Diamanten-Dieter, der Dieb mit einem Hirn wie ein Sieb. Zum vierten Mal war er nämlich schon in die Truhe gefallen.

Wörteranzahl: 131

Kennzeichnung für die Dehnung
- Schreibung von „ie" für das lange „i": **Dieb, lief, gierig, Ziege, Stiel**
- Dehnungs-h: **lahm, zahm, Truhe, angelehnt**

Familie Ballermann

Familie Ballermann kümmert sich nicht um Sauberkeit. Sie liebt Müll. Jeder lässt alles dort fallen, wo er gerade steht. Da liegen Nudeln unter dem Bett, Kassetten klappern in der Speisekammer und Lottoscheine schwimmen in der Bratpfanne. Unter dem Teppich laufen Ratten und Spinnen um die Wette und knabbern am Abfall, ohne Durchfall zu bekommen. Man kann nur auf die Toilette gehen, wenn man wie ein Affe über alles hinüberklettert. Heute Mittag musste Mutter Ballermann ihre Tasse Kaffee mit dem Mittelfinger umrühren, weil sie keinen Löffel aus Metall finden konnte. Der Geschirrschrank steckt vollkommen im Staub, niemand kann ihn mehr öffnen. Familie Ballermann ist inzwischen weltbekannt. Alle zwei Jahre findet der große Wettbewerb „Zu Hause ist es am schönsten" statt, den sie schon oft gewonnen haben. Beifall, Familie Ballermann!

Wörteranzahl: 128

Schärfung mit Doppelkonsonanten: **Müll, Beifall, Teppich, Kammer, Bett, Lotto**

Nieselregen in Griechenland

Es war einmal ein Riese in Griechenland, der schlief den ganzen Tag. Wenn er zufällig aufwachte, aß er mit Vorliebe Spiegeleier mit Zwiebeln. Manchmal rasierte er sich auch, aber niemals zu oft, denn er liebte seinen schmierigen Bart. Alle vier Monate schnitt er sich die Haare. Er hatte keinen Diener mehr, der das für ihn machte. Der lief schon vor Jahren weg, weil es ihm mit diesem Faulpelz viel zu langweilig wurde. Seit langem wartete der Riese auf einen Nieselregen, weil er seine Füße wieder einmal ausgiebig waschen wollte. Der Gestank aus seinen Stiefeln lockte nämlich viele Fliegen an. Dann fielen plötzlich Tropfen vom Himmel. Er lief hinaus und trällerte vor Freude ein Liebeslied nach dem anderen.

Wörteranzahl: 117

Kennzeichen für die Dehnung
- ie: **Riese, Griechenland, Zwiebeln, ausgiebig**
- ih: **ihn, ihm**

Kino der Köstlichkeiten

Tina und Dirk sitzen in Frankfurt im Kino. Der Film hat gerade angefangen. Der Mensch auf dem Platz vor ihnen isst Eiskonfekt und schmatzt dabei so laut, dass sie kein Wort verstehen. Er sieht aus wie ein Drache mit Pickeln im Gesicht. Dann holt er aus seinem Rucksack auch noch eine Zeitschrift und fängt an, damit zu rascheln. Jetzt platzt Dirk der Kragen. Er nimmt seine Limoflasche und blubbert mit dem Strohhalm, so laut er kann. Auch Tina hat jetzt die Nase voll. Sie isst schnell ihr Popcorn auf und lässt die Tüte mit einem lauten Knall platzen. Auf einmal macht jeder Krach. Das Kino hat sich in eine einzige Geräuschkulisse verwandelt.

Wörteranzahl: 112

Schärfung mit mehreren Konsonanten: **isst, Knall, Kulisse**

Dabei steht „tz" für zwei „z" und „ck" für zwei „k": **Platz, sitzen, Pickel**

Ausnahme: Bei Lehn- oder Fremdwörtern stehen trotz Schärfung nur einzelne Konsonanten: **Eiskonfekt, Popcorn**

Auf der Flucht

Das fahle Licht war ihm unheimlich. Max blieb stehen und schnaufte. Seine straffen Waden schmerzten. Er hatte sich im Stil eines Geheimagenten einen Wall herunterrollen lassen, sich aber dabei den rechten Fuß verstaucht. Lahm und hungrig setzte er seine Flucht fort. Die Walfänger waren ihm dicht auf den Fersen. Plötzlich vernahm Max einen leisen Schrei in der Stille, der Nebel schluckte den Schall. Er hob den Arm. In seiner Hand hielt er den Stiel einer Axt. Max atmete auf: Vor seinen Füßen lag ein verletztes Lamm. „Ein übler Fall von Tierquälerei“, dachte er sich, „so etwas müsste bestraft werden.“ Aber Max hatte keine Wahl, er musste das Lamm zurücklassen. Er warf seinen Schal über die Schulter und rannte weiter.

Wörteranzahl: 119

Ähnlich klingende Wörter: **Bann – Bahn; fahl – Fall; lahm – Lamm**

12/02/08
1 Fehler

Eine Badewanne voller Tee

Herr Hausmann wohnt in einem großen Haus in Aachen, direkt neben einem Museum mit einem großen Saal. Der Zitteraal, der das Haus bewacht, schwimmt in einer Badewanne voller Tee. Die ist so groß, dass man nur mit einem Boot von einer Seite zur anderen kommen kann. Ein Schild warnt sogar: „Benutzung des Meeres auf eigene Gefahr!“ Herr Hausmann ist wohl ein bisschen doof, denn wer hält sich schon einen Aal in Teewasser? Eine komische Idee! Er kennt außerdem seltsame Kochrezepte: Wenn im Winter der Schnee vom Himmel fällt, kocht er daraus Wolkengelee mit Johannisbeeren, manchmal auch mit Roter Beete. Wie das schmeckt, bleibt ein Rätsel. Das wissen nur Herr Hausmann und sein Aal.

Wörteranzahl: 113

Kennzeichen für die Dehnung

Doppelvokale: **Tee, Aal, Beere, Saal**

Opfer der Gewalt

Wer weiß schon, was so ein armer, unschuldiger Brief alles mitmachen muss, um sein Ziel zu erreichen. Er wird ziemlich gequält. Zuerst schleckt ihn der Absender ab wie ein Hund mit seiner feuchten Zunge. Das ist ausgesprochen unangenehm. Dann wird er in einen unbekannten, dunklen Kasten geworfen. Schließlich donnert ihm auch noch ein Postbeamter einen tonnenschweren Stempel mitten auf den Kopf. Aber das Grausamste ist, mit dem Frühstücksmesser aufgeschlitzt zu werden, wenn noch Erdbeergelee daran klebt. Hat denn niemand Mitleid mit einem wehrlosen Brief? Warum wird er von allen so böse behandelt? Denn oft ist es ein lieber Brief, über den sich die Empfänger freuen. Wir fordern daher: Bitte keine Gewalt gegen Briefe!

Wörteranzahl: 113

Dehnung
- mit h: **unangenehm, wehrlos**
- mit ie: **Brief, Ziel, ziemlich**
- mit Doppelvokal: **Erdbeergelee**

Schärfung
- mit Konsonantenverdoppelung: **donnert, bitte, unbekannt**
  Dabei schreiben wir für die Schärfung von „z" ein „tz" und für das Aufeinandertreffen von zwei „k" ein „ck": **schlecken, Frühstück**

Das Fest auf dem Feld

Gestern, als Ute spazieren ging, hörte sie hinter einer Hecke lautes Lachen und rasches Klatschen. Neugierig tastete sie sich durchs Gebüsch und erblickte auf einem Acker ein Dutzend Schnecken, die lustig wackelnd im Viereck tanzten. Auf einem Tisch hockten schmatzende Wanzen, die zuguckten und Zuckerecken schleckten. Rasche Rockmusik schallte von der winzigen Zeckenband herüber. „Was für ein glitschiges Fest“, dachte Ute. Sie hoffte, nicht von einem der Gäste zum Tanz aufgefordert zu werden. Doch in diesem Augenblick hatte sie schon ein fescher Frosch entdeckt. Er hüpfte auf sie zu und zog sie auf die Tanzfläche. So schwang sie den ganzen Tag das Tanzbein und kam dabei ganz schön ins Schwitzen.

Wörteranzahl: 110

Kennzeichnung für die Schärfung mit Doppelkonsonanten
- „ck“ steht für „kk“: **Hecke, Acker, wackelnd, Schnecke, Augenblick**
- „tz“ steht für „zz“: **Dutzend, schmatzend, schwitzen**

Achtung beim Trennen, tz wird getrennt, ck bleibt erhalten:
He-cke, Dut-zend

Strafe muss sein

Michel saß wie jeden Morgen auf seiner Matte und meditierte. Er fühlte sich wie ein Urzeitvogel, als sein Blick auf die Uhr an der Wand fiel. Er wurde aschfahl im Gesicht, da er in zehn Minuten Matheunterricht hatte! „Ich muss mich beeilen. Auf keinen Fall nehme ich die Bummelbahn", dachte er. Sein Nachbar, der am Pool Krabben puhlte, bot ihm sein Schnellboot an. Es hatte vier Motoren, was Michel in den Bann zog. Schon rasten sie, ohne zu rasten, los. Alle Boote auf dem Fluss an der Königsallee mussten ausweichen und hinter ihnen flog ein Heer von Möwen her. Durch das straffe Tempo, das sein Nachbar vorlegte, erreichten sie bald den Hafen der Schule. „Strafe muss sein", seufzte Michel: Der Unterricht war wegen Hitzefrei ausgefallen!

Wörteranzahl: 125

Aufgepasst bei der Schreibweise von ähnlich klingenden Wörtern:
Matte – Mathe; bot – Boot; Bann – Bahn; Ur – Uhr; alle – Allee

Ein schwieriges Angebot

Der April überraschte Timo: Er fegte gerade Schnee von seinem Blumenbeet, als ihm eine Fee erschien. „Du hast einen Wunsch frei!“, sprach sie. Timo war aufgeregt und musste angestrengt überlegen. Er wünschte sich ein Boot voller Glücksklee, um nie mehr Pech zu haben. Nein, besser ein Meer aus Himbeergelee, das isst er gerne zum Frühstück. Die Fee kämmte sich gelangweilt die aalglatten Haare. Timo blickte ins Leere und konnte sich einfach nicht entscheiden. Er hatte eine andere Idee: Vielleicht Urlaub im Moor? Oder doch nur einen Tee in einer Goldtasse? Als er schließlich der Fee antworten wollte, war sie längst verschwunden. Am Ende der Allee sah er noch ihre Haare blitzen. Er hätte sich wohl schneller entscheiden müssen.

Wörteranzahl: 118

Kennzeichnung für die Dehnung durch Doppelvokale:
Schnee, Fee, Moor, Haare, Klee

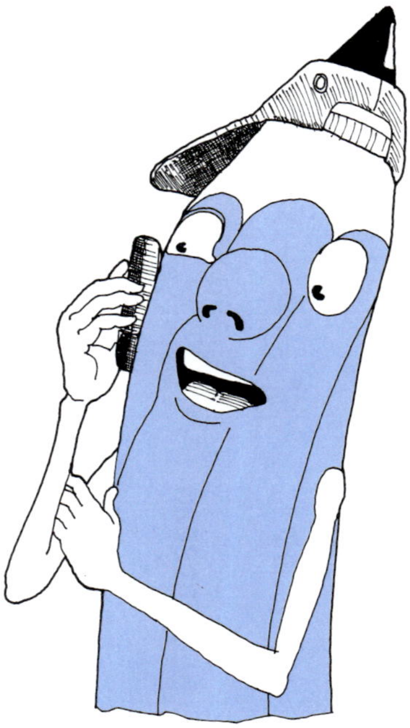

Schneeballschlacht in der Hölle

Niemand hätte es für möglich gehalten, doch es hatte über Nacht geschneit. Die Hölle verschwand fast ganz unter einer weißen Decke. Als der Teufel nachmittags einen Kaffee trinken ging, veranstalteten die vielen Seelen eine fetzige Schneeballschlacht. Eine satte Ladung Eismatsch landete im Gesicht vom fiesen Fred. Der schüttelte sich nur kurz und rollte den satten Sepp zu einem großen Schneemann, der in der Ecke stehen blieb. Die lasche Uschi wollte ihm gerade eine Karotte ins Gesicht stecken, da richtete der kahle Kurt die Schneekanone auf sie. Im letzten Augenblick konnte sie sich ducken, als der Eisstrahl über sie hinwegschoss und den Teufel, der gerade zurückgekommen war, bis zu den Haaren zudeckte. Er spuckte Gift und Galle und zur Strafe mussten alle einen riesigen Berg Kohle in den Höllenofen schaufeln.

Wörteranzahl: 129

Kennzeichnung der Dehnung
- mit Dehnungs-h: **kahl, Eisstrahl**
- Schreibung von ie für das lange i: **niemand, riesig**
- mit Doppelvokal: **Seele, Schneemann**

Kennzeichnung der Schärfung
- mit Doppelkonsonanten: **schüttelte, zurückkommen, schoss**

Schnupperkurs

Auch im Nachhinein findet Carolin noch, dass sie am meisten Glück hatte bei der Wahl ihres Betriebspraktikums. Es war ihre Idee, in einer Werbeagentur zu arbeiten. Dabei hatte sie nicht gedacht, dass ihre zaghaften Vorschläge auch ernst genommen wurden in diesen eng bemessenen acht Tagen. Mit einer Auszubildenden zusammen wählten sie einmal das Foto mit einem Krokodil als passend aus, und es wurde prompt für das nächste Plakat für gut geheißen. Man konnte auch echt kreativ sein, z. B. durfte sie einen Tag lang eine bestimmte Ätztechnik ausprobieren.
Am besten fand sie jedoch die lockere Atmosphäre, die hier herrschte. Es waren fast ausnahmslos junge Leute unter 30 und zu ihrem Erstaunen trug keiner eine Krawatte zum Sakko!
Über den gesamten Tagesablauf machte sie sich ständig Notizen, selbst über die Zeiten ihres Telefondienstes. Am Schluss ihres Praktikums überprüfte der Firmenchef zur Kontrolle ihre Aufschriebe, die sie für ihren abschließenden Bericht in der Schule benötigte. Er meinte noch: „Wenn du wieder mal zu uns kommst, brauchst du nicht mehr so still und schüchtern zu sein!“ Wenn er wüsste, wie ihre Familie stöhnte, dass ihr Redefluss kaum zu stoppen war, sobald das Gespräch auf ihr Praktikum kam.

Wörteranzahl: 194

Kennzeichen für die Dehnung
- Doppelvokal: **Idee**
- ie und h: **abschließend, Wahl**

Kennzeichen für die Schärfung
- Doppelkonsonant: **hatte**
  Dabei schreibt man für „zz“ ein „tz“ und für „kk“ ein „ck“: **locker**
- Bei Fremdwörtern bleibt manchmal „kk“ erhalten: **Sakko**
- Wichtig:
  Die Dehnung oder Schärfung tritt auch ohne Kennzeichen auf; dies ist häufig bei Lehn- und Fremdwörtern der Fall: **Krokodil**

Die Überraschung

Seit einem Jahr haben wir die beste Englischlehrerin, die es je gab. Sie ist für uns auch Anlaufstation, wenn es wieder Ärger und Stress mit unserem schrecklichen Biologielehrer gegeben hat. Und ihr ist nichts zu viel.

Das Tollste, was ihr gelang, ist, dass sie uns zur Teilnahme an einem Schülerwettbewerb einer Sprachschule angeregt hat. Wir stöhnten, ächzten, recherchierten, sie jagte uns zur Bibliothek und ließ uns über englischer Grammatik die Köpfe heiß werden.

Keiner dachte mehr so richtig an diese Strapazen und einen möglichen Gewinn, als am Mittwochmorgen in der letzten Woche unser Rektor ins Klassenzimmer trat. Er las die frohe Botschaft vor, dass die ganze Klasse zu Anfang der Sommerferien eine Flugreise nach Brighton gewonnen hat. Um ein Haar hätten wir beinahe den ersten Preis verfehlt – aber dank unserer Lehrerin haben wir die schwierigen Fragen mit am besten gelöst. Dabei werden immer zwei Schülerinnen oder Schüler in einer Gastgeberfamilie Unterschlupf finden. Jetzt lautet nur noch die Frage: Was sollen wir bloß unseren Ferieneltern mitbringen?

Wörteranzahl: 165

Kennzeichen für die Dehnung
- ie-Laute: **Biologie**
- Dehnungs-h: **stöhnen**
- Schreibung von ß: **bloß**

Kennzeichen für die Schärfung
- Doppelkonsonanten: **toll, Mittwoch, Klassenzimmer**

Velo-Taxi

Berlin hat eine neue Attraktion. Es geht um kein ausgeflipptes Lokal und um kein schockierendes Kunstwerk – es handelt sich um neue Taxis.

Aber solche, die nicht vom hohen Benzinpreis abhängen und denen keine Straße zu schmal ist. Den indischen Rikschas nachempfunden, gibt es seit neuestem Velo-Taxis – Fahrräder mit einem bequemen Anhänger für ein bis zwei Fahrgäste. Es gibt nur einen offensichtlichen Unterschied zum Mutterland dieser Gefährte: Die Fahrer haben selbst Spaß an ihrem neuen Job und sie werden nicht ausgebeutet. Sie sind prozentual am Umsatz beteiligt, und das Trinkgeld gehört sowieso ihnen. In der Not an genügend Arbeitsstätten ist mancher Student zufrieden, sich so seinen Studienplatz finanzieren zu können. Auch der eine oder andere Familienvater oder manche Frau sind froh darüber, sich mit ein paar zusätzlichen Arbeitsstunden das Einkommen aufbessern zu können.

Und nicht zuletzt sind die Kunden begeistert! Endlich können sie die Stadt bei diesen eher gemächlichen Geschwindigkeiten intensiv genießen und gleichzeitig die Großstadt unverfälscht im Originalton miterleben.

Wörteranzahl: 159

Kennzeichen für die Dehnung
- Doppelvokal: **paar**
- ie-Laute: **schockierend**
- Dehnungs-h: **Fahrräder**

Kennzeichen für die Schärfung
- Doppelkonsonanten: **ausgeflippt**

Dehnung und Schärfung können auch ohne besondere Kennzeichen vorkommen: **schmal**

Der Umzug

Wie sehr hatte sich Moritz über den Umzug nach Köln gefreut! Als seine Eltern ihn über ihren Entschluss informierten, dass sie das Landleben satthätten und nun wieder in der Stadt leben wollten, war er erleichtert. Auch ihm war das Landleben mittlerweile so richtig zuwider. Immer diese ewige Fahrerei mit dem Bus und das leider nur allzu bescheidene Freizeitangebot! Aus, vorbei und passee! Was er brauchte und wonach er sich sehnte, das waren die Diskotheken, die Cafés und natürlich die Aussicht, einfach und unkompliziert seine Freunde mit der U-Bahn erreichen zu können.

Indes, seine Enttäuschung war allerdings riesengroß. Einige Wochen später fand er sich in einer scheußlichen Etagenwohnung wieder, inmitten eines Karrees, das an Tristesse wirklich nicht zu überbieten war. Seine Vorfreude war sichtlich verflogen. Von Cafés und Diskotheken weit und breit keine Spur. Stattdessen lebt er in einer maroden Wohnsiedlung. Freunde fand er auch keine.

Wie wunderbar erschien ihm nun seine vormalige Umgebung, wie vermisste er nun seine Fahrradtouren und die Beeren im Garten! War er in Wahrheit nicht doch ein typisches Landei, das in der Stadt nun wirklich nichts zu suchen hatte?

Wörteranzahl: 183

Schärfung mit Doppelkonsonanten
vermisste, Entschluss, passee, Tristesse

Kennzeichnung für die Dehnung
- ie: **riesengroß**
- ih: **ihn, ihr**
- Doppelvokale: **Beeren, Karree**

Ähnlich klingende Wörter: **war – Wahrheit; Stadt – statt; das – dass**

Wortsalat

Wenn jemand das Wort Moos in den Mund nimmt, kann er damit entweder das Geld in seinem Portmonee meinen, aber natürlich auch jene hässlichen Pflanzen, die einen Steingarten ganz schön verunstalten können.

Ohne Moos nichts los! Wer kein Moos hat, sieht sich manchmal dazu gezwungen, das zum Leben Notwendige zu stehlen, was natürlich alles andere als ehrenhaft ist. Sage ich dagegen aber, dass mein Nachbar einen gestählten Körper habe, meine ich natürlich etwas völlig anderes.

Was mich wundert, ist die Tatsache, dass Bären Beeren fressen können, nicht aber umgekehrt. Auch erstaunt es mich, dass es manchmal ziemlich lange währt, bis sich jemand wehrt. Wer hat noch Fragen?

Zu Verwirrungen kann auch der folgende Gedanke führen: Wenn ich in einer Diskussion meinem Gesprächspartner widerspreche, bin ich offensichtlich anderer Meinung als er. Widerspreche ich ihm aber ständig, ist es nicht unwahrscheinlich, dass ich ihm zuwider bin. In diesem Falle sollte ich mich davonstehlen, bevor es zu spät ist.

Apropos zu spät: Ein Jäger, der nach einem Bären späht, hat sicherlich nicht die Gewähr, dass der Bär sich nicht wehrt. Dann sollte er zumindest ein Gewehr dabei haben.

Wörteranzahl: 185

Kennzeichnung der Schärfung
mit Doppelkonsonanten: **Diskussion, offensichtlich**

Kennzeichnung der Dehnung
- mit Dehnungs-h: **stehlen, ehrenhaft**
- mit Doppelvokal: **Portmonee, Moos**
- mit ähnlich klingenden Wörtern: **Gewähr – Gewehr; wieder – wider**

Wiener Caféhaus-Kultur

Wien ist die Stadt der Cafés. Wer einmal das Glück hatte, ein Wiener Café besuchen zu dürfen, wird dies bestätigen können. Nirgendwo auf der Welt wird so viel Aufhebens um den Kaffee gemacht.

Wer dort einfach nur einen Kaffee bestellt, wird schief angeschaut. Man hat die Wahl zwischen einem Mokka, einem Milchkaffee, einem Kaffee Kreme und einem Muckefuck. Kenner bestellen gar einen Einspänner oder bitten um eine Extraportion Schlagobers.

Legendär sind die Wirte der Wiener Cafés. Ihr auffälligstes Erkennungszeichen ist ihre zur Schau getragene Unfreundlichkeit, die zu Wien gehört wie zu Köln der Kölner Dom. Wehe dem, der einen Kellner nicht standesgemäß mit „Herr Ober" anspricht!

Nicht minder interessant ist es, das Kaffee trinkende Publikum oder das Interieur zu beobachten. Einträchtig sitzen oft ältere Damen zusammen, die verstohlen Kognak in ihren Mokka kippen, während daneben ein Mann im Frack sich genüsslich eine Zigarre zu Gemüte führt und gelassen Nikotinwölkchen in die Luft steigen lässt.

In den vornehmeren Cafés ist man in einer anderen Welt. Es herrscht eine ruhige und gediegene Atmosphäre, sodass man das Gefühl hat, die Zeit sei stehengeblieben.

Wörteranzahl: 181

Kennzeichnung der Schärfung
– mit Doppelkonsonanten: **herrschen, Zigarre**
Dabei steht „tz" für zwei „z" und „ck" für zwei „k": **Muckefuck**
Ausnahme:
Bei Lehn- oder Fremdwörtern stehen trotz Schärfung nur einzelne Konsonanten: **Kognak** oder „kk" bleibt: **Mokka**

Kennzeichnung der Dehnung
-ie: **Wien, schief**
Ausnahme:
Bei Lehn- und Fremdwörtern gibt es die Dehnung ohne besondere Kennzeichnung: **Dom, Interieur**

Woher kommt der Reis?

Ein sehr beliebtes Nahrungsmittel ist heute der Reis. Man kann ihn auf vielerlei Arten essen. Außerdem ist er schnell zubereitet, und er schmeckt gut.

Leider wächst er nicht in nasskalten und sonnenarmen Gegenden, sondern er braucht ein feuchtwarmes Klima und sehr viel Wasser. Wir führen ihn aus Amerika und vor allem aus Südasien ein. Dort wird er in mühevoller Arbeit von Hand gesetzt und verarbeitet. Die Reisfelder stehen ständig unter Wasser. Erst kurz vor der Ernte werden sie entwässert und die goldgelben Reispflanzen mit Sicheln abgeschnitten, gebündelt und zum Trocknen aufgestellt. Anschließend werden sie von Hand gedroschen, um die Körner herauszulösen. Diese werden dann gesiebt, gereinigt, in Säcke abgefüllt und in alle Welt verschickt.

Wörteranzahl: 114

Zusammengesetzte Adjektive: **nasskalt**

Der tropische Regenwald

Der tropische Regenwald ist ein richtiger Urwald. Das heißt, er ist nicht von Menschen angepflanzt worden. Seit Urzeiten hat er sich allmählich zu solch einem üppigen, undurchdringlichen Wald entwickelt.

Schwülfeuchte Hitze und heftige Regenfälle bestimmen hier das Klima. Man nennt den tropischen Regenwald auch die „grüne Hölle“, denn viele Gefahren drohen hier dem Menschen, z. B. viele Arten von Giftschlangen und Stechmücken. Doch ist dieser Urwald für die Menschen nicht nur gefährlich, sondern auch sehr wichtig. Er beeinflusst das Wetter auf der ganzen Welt, und er enthält viele wertvolle Schätze wie kostbare Edelhölzer, eine reichhaltige und interessante Tierwelt, zahlreiche Heil-, Nutz- und Zierpflanzen.

Doch gerade wegen einiger dieser Schätze zerstören die Menschen den ganzen Urwald. Ja, sie brennen sogar weite Flächen ab, um Boden für Weideland und Obstplantagen zu bekommen.

Wörteranzahl: 130

Zusammengesetzte Substantive: **Regenwald, Giftschlangen**

Unser Wetter

In dem Gebiet, in dem wir leben, ändert sich das Wetter fast täglich, oft sogar stündlich. Das Wetter ist hier zu allen Jahreszeiten sehr wechselhaft. Mal ist es friedlich und freundlich, dann ist es plötzlich stürmisch und regnerisch, dann wieder fürchterlich neblig, kurz darauf warm und sonnig. Dass das Wetter so veränderlich ist, liegt daran, dass die Winde in unserer Klimazone oft die Richtungen wechseln. So bringen sie Luftmassen mit den verschiedensten Eigenschaften zu uns. Diese entsprechen ihrem Herkunftsgebiet. Luftmassen, die über dem Meer entstanden sind, sind feucht und im Sommer kühl. Luftmassen, die über dem Land entstanden sind, sind im Sommer trocken und warm, im Winter trocken und kalt. Wettervorhersagen sind für die Menschen, die mit Landwirtschaft oder Verkehr zu tun haben, unentbehrlich.

Wörteranzahl: 124

Adjektive mit Nachsilben -ig, -isch, -lich, -haft: **täglich, sonnig, regnerisch**

Substantive mit Nachsilben -schaft, -ung: **Eigenschaft, Richtung**

Wörter mit der Vorsilbe ent-: **entstanden**

Gras fressende Hunde?

Herrenlose, verwilderte Pferde, die Mustangs, durchstreiften die Prärie. Sie stammten von Pferden ab, die den Spaniern entlaufen waren, als diese im nördlichen Mexiko siedelten. In der Prärie fanden die hungrigen Tiere genug Futter. So war es für sie nicht schwierig, hier zu leben. Sie vermehrten sich rasch, und bald lebte hier eine beachtliche Anzahl von ihnen.

Eines Tages begannen die Indianer einzelne Tiere mit dem Lasso zu fangen. Geduldig richteten sie die Mustangs zum Reiten ab. Sie ritten diese herrlichen Tiere ganz lässig ohne Sattel und Zügel. Sicherlich gehörten die Indianer zu den mutigsten, verwegensten und besten Reitern der Welt.

Lange Zeit hielten sie die Mustangs für heilige Tiere. Aber stell dir vor: Die Indianer nannten sie „Gras fressende Hunde", denn sie hatten davor nur Hunde als Haustiere gehabt.

Wörteranzahl: 129

Wortbildung
- Wörter mit der Nachsilbe -ig: **lässig, schwierig**
- Wörter mit der Nachsilbe -lich: **beachtlich, herrlich**

Kammmacher in der Klemme

„Kaufen Sie grifffeste Kämme!“, steht auf dem Plakat, das vor dem Schwimmbad hängt. „Handgeschnitzte Kämme vom Kammmacher und Brennnesselschaum sind gut für Ihr Haar!“ Schwimmmeister Albert, der seine Glatze mit Geschirrreiniger poliert, zieht das Betttuch fest, das er um die Hüfte geschwungen hat. Beim Mittagessen hat er nicht aufgepasst, jetzt verzieren kleine Fetttropfen sein Hemd. Albert wundert sich. Es ist zwar noch geheim, aber fast jeder weiß, dass die Stilllegung der Kammfabrik kurz bevorsteht. Deswegen muss der Vorrat an Kämmen verkauft werden. Lehrling Lars hatte sich über die Stresssituation beim Arbeiten beklagt. Aber auch der Papppolizist, den sein Chef in der Fabrikhalle aufstellen ließ, hatte nichts daran geändert.

Wörteranzahl: 108

Treffen bei zusammengesetzten Wörtern drei Konsonanten aufeinander, bleiben alle erhalten: **grifffest, Brennnessel, Schwimmmeister**

26/03/08
8 Fehler

Läuse im Sonderangebot

Benno liegt etwas belämmert auf der Kräuterwiese und träumt von Knäckebrot. Was für ein Alptraum, denn Knäckebrot ist ihm ein Gräuel! Plötzlich wacht er auf. Seine Nase ist total verstopft. Er nimmt sein Taschentuch und schnäuzt laut hinein. Erleichtert ergreift er neben sich den Stängel einer Sonnenblume, auf dem neunzig bläuliche Läuse Walzer tanzen. Benno verkauft das Knäuel Läuse einem Specht, der gerade einige Bäume nummeriert. „Mich würde interessieren“, denkt sich Benno, „ob die Läuse nach Karamell schmecken.“ Der Specht bedankt sich überschwänglich und beobachtet, wie sich Benno anschließend die Schuhe bindet. Ein Schuhbändel reißt, und er fliegt im hohen Bogen in die Himbeersträucher. Nach einer Weile wacht er wieder auf und freut sich, dass er auf einer Wiese liegt und nur geträumt hat.

Wörteranzahl: 124

Die Schreibweise eines Wortes richtet sich nach dem Wortstamm der Wortfamilie: **belämmert** wie **Lamm**; **schnäuzen** wie **Schnauze**; **Schuhbändel** wie **Band**

Ein normaler Morgen im Universum

Es war ein normaler Montagmorgen im Universum. Polizist Bruno flog Streife auf seinem nummerierten Klappstuhl. Kurz vor dem Jupiter konnte er gerade noch einem intergalaktischen Tollpatsch ausweichen, der den widerspenstigen Salzstreuer, auf dem er ritt, nicht unter Kontrolle hatte. Der Mann im Mond sah das und fing an zu fluchen. Auf dem Mars wollte Bruno die Falllinien von Murmeln testen. Doch zunächst musste er an der Passstelle zur Milchstraße einen Rollladen verzollen. Den hatte er mit dicken Schuhbändeln an der Lehne befestigt. Er holte den großen Stofffetzen ein, der ihm als Segel diente, und flog auf den Zöllner zu. Der Zöllner war als genusssüchtiger Fresssack bekannt und beschlagnahmte sofort das Papier, in das Bruno ein paar Nussschnitten eingewickelt hatte.

Wörteranzahl: 119

Treffen drei Konsonanten aufeinander, bleiben alle erhalten: **Falllinie**

Die Schreibweise eines Wortes richtet sich nach dem Wortstamm der Wortfamilie: **nummerieren** wie **Nummer** (aber: **Numerus, Numerale**).

8/10/07

Die Trinkwasseraufbereitung

7 Fehler

Die Aufbereitung unseres Trinkwassers findet in Wasserwerken statt. Dort wird das Wasser aus Brunnen, Seen oder Flüssen gepumpt und trinkfähig gemacht.

Die Bearbeitung des Wassers beginnt mit dessen Klärung, das heißt, Sink- und Trübstoffe werden ausgeschieden. Durch Belüftung und Filterung wird das Wasser so gründlich wie möglich gereinigt. Ist das Wasser nicht sauber genug, wird Chlor hinzugefügt, um so eine Entkeimung des Wassers herbeizuführen.

Das reine, qualitativ gute Wasser wird anschließend zu den Wassertürmen befördert. Von hier aus gelangt es durch ein unterirdisches Leitungsnetz bis zu den Wasserhähnen in den einzelnen Wohnungen, Büros und Industrieanlagen.

Die schmutzigen Abwässer werden durch unterirdische Kanäle zu Kläranlagen befördert, wo sie mit Hilfe von Filtern, Sieben, Zerkleinerungsbecken und Belüftungsbecken von schädlichen Stoffen befreit werden, bevor sie wieder in die Flüsse gelangen. Diese umfangreichen Bemühungen zur Reinhaltung des Wassers sind einfach nötig, damit die Gewässer und damit auch die Menschen und die Tiere gesund bleiben.

Wörteranzahl: 150

Wortbildung
Es entstehen mit der Nachsilbe -ung aus Verben Substantive:
wohnen – Wohnung; belüften – Belüftung

18/2/08

4 Fehler

Im Regenwald

Der Dschungel, auch Regenwald genannt, ist ein richtiger Urwald. Er ist ein Wald, der sich noch in seinem Urzustand befindet und nicht von Menschen gestaltet worden ist, sondern sich ganz allein entwickelt hat. Wer die Gelegenheit hat, seinen Urlaub in einem Urwald zu verbringen, wird über die Schönheit und über die Gefährlichkeit dieses Waldes staunen.

Die dumpfe, feuchte Wärme und das dämmrige Licht lassen Trägheit, Müdigkeit und eine gewisse Gleichgültigkeit aufkommen, die leichtsinnig und unaufmerksam macht. In dem dichten Gewirr von uralten Bäumen, Kletterpflanzen und anderen Gewächsen kann Unachtsamkeit aber sehr gefährlich werden. Der Besucher kann stürzen oder durch Tiere und Pflanzen verletzt werden.

Heute werden diese ursprünglichen Wälder, die den Menschen so viel zu bieten haben und die geradezu lebensnotwendig für die ganze Menschheit sind, mehr und mehr vernichtet. Wann werden die Menschen endlich begreifen, dass das nicht ein Zeichen besonderer Klugheit, sondern eine unglaublich große Dummheit ist?

Wörteranzahl: 149

Wortbildung
- Wörter mit der Vorsilbe Ur-/ur-: **Urwald, uralt**
- Wörter mit der Nachsilbe -heit: **Gelegenheit, Trägheit**
- Wörter mit der Nachsilbe -keit: **Gefährlichkeit, Müdigkeit**

Eisbärenjagd in Alaska

Dass aus lauter Profitgier wehrlose Robbenbabys auf den Packeisschollen Grönlands abgeschlachtet werden, ist bekannt. Es finden von Naturschützern Kampagnen statt, dies zu verhindern, indem sie das weiße Fell der kleinen Robben mit Farbe besprühen und somit wertlos machen.
Dass es aber in unserer schnelllebigen Zeit auch Menschen gibt, die vor lauter Genusssucht nicht mehr wissen, was sie noch anstellen sollen, glaubt man kaum. Ein ganz neuer Sport ist das Erlegen von Eisbären in den nördlichen Teilen Alaskas. Dabei handelt es sich um ein völliges Ungleichgewicht: Der Eisbär hat überhaupt keine Chance, seinem Schicksal zu entrinnen. Von einem Reiseveranstalter wird der so genannte Jäger mit einem motorisierten Schlitten zu einem allein lebenden Eisbären herangeführt. Am Anfang ist der Bär noch ein Schnellläufer auf dem Eis. Aber mit Zähheit wird das Tier in die unendlichen Flächen gescheucht, bis es völlig entkräftet ist. Aus allernächster Entfernung kann der potenzielle Jäger vom Schlitten aus sein Opfer erlegen. Die Jagdtrophäe wird dann voll überschwänglichem Stolz in das Camp des Reiseveranstalters geschleppt. Der Anblick der erlegten und anschließend durchnummerierten Eisbären, die hier aufgereiht liegen, ist an Rohheit nicht zu überbieten.
Bleibt zu hoffen, dass dieser Missstand bekannt und offiziell bekämpft wird!

Wörteranzahl: 195

Treffen in Wortzusammensetzungen drei gleiche Konsonanten aufeinander, so bleiben alle erhalten: **schnelllebig**

Nach dem Stammprinzip schreibt man **Nummerierung**, abgeleitet von **Nummer** (aber **Numerus** und **Numerale**);
potenziell ist ein abgeleitetes Adjektiv von **Potenz**.

Der a-Laut bleibt erhalten bei **überschwänglich** von **Überschwang.**

Sommererlebnis

Tina hatte einen Sieg errungen – sie durfte zum ersten Mal mit Freunden vom Jugendklub in Urlaub fahren.

Die norditalienischen Seen waren für sie ein Ziel und ein Campingurlaub versprach einiges an Abenteuer. Doch nach ein paar Tagen bzw. Nächten mit nur wenigen Stunden Schlaf auf ihrer Iso-Matte bekam Tina eine gewisse Sehnsucht nach ihrem bequemen Bett und dem von der Mutter glatt gestrichenen Betttuch. Diese Spur an Heimweh verflog aber beim nächtlichen Ausflug auf einen Berg, und das südliche Flair der Landschaft überwältigte sie. In der Abenddämmerung schaute alles unwirklich aus – wie ein riesiges Stillleben. Während sie den steilen Hang hinaufkeuchten, brach die Nacht rasch herein. Durch den Mondschein entstanden krasse, Furcht erregende Schatten – es war schon gruselig! Aber keiner der Freunde wollte das leichte Unwohlsein zugeben! Ein kräftiger Schluck Cola aus der Kunststoffflasche baute sämtliche Ängste wieder ab. Zum Glück hatte Stephan auch seine übliche Tüte Karamellbonbons dabei, die er großzügig verteilte. War es nun Mutprobe oder Prickel, diese Nacht unter freiem Himmel zu schlafen? Als die Fledermäuse lautlos am Nachthimmel entlanghuschten, fing Tina an die Gräuelgeschichten von Graf Dracula zu glauben. Der Schreck fuhr ihr erst recht in die Glieder, als Marc sie auch noch mit einem Grasstängel im Nacken kitzelte. Als schließlich alle in ihren Schlafsäcken lagen, konnte sie den Duft der Zypressen in vollen Zügen genießen.

Wörteranzahl: 220

Wegen des Stammprinzips bleiben drei aufeinandertreffende Konsonanten erhalten: **Betttuch**

Die a-Laute werden bei den Wortbildungen auf ä-Laute übertragen: **Gräuel** von **Grauen**, **Stängel** von **Stange**

Tommys Geburtstagsfete

Seinen 16. Geburtstag durfte Tommy im recht komfortabel ausgebauten Wochenendhaus seiner Eltern feiern. Erst im letzten Sommer hatte der Stuckateur die Fassade aufwändig renoviert, sogar Rollläden wurden an den Kunststofffenstern angebracht. Und auch im Innern des Hauses war alles bestens.

Den kulinarischen Höhepunkt des Abends boten die gegrillten Köstlichkeiten. Tommys Mutter wusste schon, dass seine Freunde recht genusssüchtig waren, was das Essen betraf. Lediglich sein Vater musste – nachdem er sich verlegen geschnäuzt und geräuspert hatte – einige Warnungen loswerden: Tommy sollte die Kontrolllampe am neuen Elektrogrill im Auge behalten, ob dieser am Schluss auch wirklich ausgeschaltet wäre. Außerdem sollten keine Fetttropfen der köstlichen Würste direkt auf die Heizstäbe fallen, um keine gesundheitsschädlichen Dämpfe entstehen zu lassen.

Wettkampfspiele waren in diesem fortgeschrittenen Alter natürlich nicht mehr „in"; dennoch fanden fast alle Spaß daran, auf der Wiese herumzualbern. So mancher Tollpatsch erlebte dabei einige unliebsame Berührungen mit den Brennnesseln. Aber das tat insgesamt der guten Stimmung keinen Abbruch. Zum gemütlichen Ausklang des Festes platzierten sich dann alle um den Schein von Opas alter Stalllaterne.

Wörteranzahl: 171

Drei aufeinandertreffende Konsonanten bleiben wegen des Stammprinzips erhalten: **Kontrolllampe**

Bei verschiedenen Wörtern wird die Schreibweise des Herkunftsworts herangezogen: **Stuckateur** von **Stuck**, **aufwändig** von **Aufwand**, **Tollpatsch** von **toll**, **platzieren** von **Platz**

Die Kunst des Schenkens

Zur Kunst des Schenkens gehört es, dass das Präsent auch schön verpackt wird. Was nützt es, wenn man jemandem ein Geschenk macht und der Beschenkte belämmert dreinblickt, weil es tollpatschig verpackt oder gar nur in Zeitungspapier eingewickelt wurde?

Unnötiger Zierrat sollte allerdings vermieden werden. Abzuraten ist also daher auch von allzu aufwändigen Verpackungen mit unzähligen Schleifen. Oftmals kann ein schön platzierter Bändel ausreichen, um einem Geschenk eine interessante Note zu verleihen.

Man sollte immer daran denken, dass eine schöne Verpackung dem Beschenkten den Mund wässrig machen kann. Durch eine geschickte Verpackung lässt sich die Vorfreude ganz schön steigern.

Groß kann aber auch die Enttäuschung beim Schenkenden sein, wenn seine liebevolle Verpackung achtlos mit einem Riss entfernt wird. Diese Rohheit ist dabei ebenso unverzeihlich wie die oben geschilderte Unsitte, Geschenke einfach lieblos zu überreichen.

Aber auch die Auswahl des Geschenkes selbst bedarf eines Quäntchens Feingefühl. Was für ein Gräuel muss es für einen Familienvater sein, jedes Jahr zu Weihnachten von der Schwiegermutter Krawatten geschenkt zu bekommen. Er wird sie wohl nur noch als Stofffetzen wahrnehmen – mögen sie noch so kunstvoll verpackt sein!

Wörteranzahl: 181

Treffen bei zusammengesetzten Wörtern drei Konsonanten aufeinander, bleiben alle wegen des Stammprinzips erhalten: **Stofffetzen**

Die Schreibweise eines Wortes richtet sich nach dem Wortstamm der Wortfamilie: **Bändel** wie **Band**, **belämmert** wie **Lamm**, **Rohheit** wie **roh**

Die a-Laute werden bei den Wortbildungen auf ä-Laute übertragen: **Gräuel** von **Grauen**, **aufwändig** von **Aufwand**

Wer bezahlt die Formel 1?

Die Konstruktion der Autos, die Gehälter der Fahrer, Mechaniker und Ingenieure verschlingen Millionen. Ein Rennteam der Mittelklasse benötigt in einer Woche etwa zwei Millionen Euro, Spitzenteams verbrauchen das Doppelte und Dreifache.

Die wichtigste Einnahmequelle sind die Sponsoren. Firmen bezahlen viel Geld, um ihren Namen deutlich sichtbar auf den Rennwagen anzubringen. Wie profitieren sie dadurch? Die Formel 1 wird weltweit verfolgt. Millionen von Fernsehzuschauern sehen die Werbung. Die Firmen werden weltweit bekannt und ihre Produkte häufiger gekauft.

Außer der Werbung gibt es noch eine weitere Einnahmequelle. Fernsehanstalten bezahlen für die Übertragung der Rennen. Meistens dürfen sie exklusiv für ein Land übertragen, das heißt, sie haben das alleinige Recht, das Rennen live zu senden. Und ihr Profit? Die Übertragung wird von Werbung unterbrochen. Durch diese Werbeeinnahmen finanzieren sich die Fernsehanstalten.

Wörteranzahl: 128

Schwierige Fremdwörter: **Ingenieur, Profit**

Fremdwörter aus dem Englischen oder Zusammensetzungen mit ihnen werden als Substantive groß- und zusammengeschrieben: **Rennteam**

Voltigieren

Bei dieser Sportart werden auf dem Rücken eines Pferdes verschiedene Turnübungen ausgeführt. Wenn du deine Reitkarriere damit beginnst, bekommst du genug Sicherheit im Kontakt mit Pferden und der Reitunterricht fällt dir später leichter.

Beim Voltigieren wird ein Pferd an einer Laufleine, der Longe, im Kreis herumgeführt. Zu Beginn versuchen die Kinder die Turnübungen auf einem stehenden Pferd. Ziel ist es aber, komplizierte Figuren auf einem galoppierenden Pferd zu zeigen. Ob auf dem Pferd stehend, rückwärtsreitend oder elegant mit Salto abspringend, alle Bewegungen sollten geschmeidig ausgeführt werden. Bei manchen Übungen sind mehrere Personen beteiligt und befinden sich gleichzeitig auf dem Pferderücken.

Du kannst dir sicher vorstellen, dass diese Pferde besonders kräftig sein müssen. Sie sollten gleichmäßig und ausdauernd galoppieren können und einen besonders gutmütigen Charakter haben.

Wörteranzahl: 125

Schwierige Fremdwörter: **Reitkarriere, Kontakt**

Bei Fremdwörtern aus dem Griechischen bleibt die Schreibweise mit „ch“ erhalten: **Charakter**

Bei Fremdwörtern aus dem Französischen ist neben der Schreibweise auch die Aussprache zu beachten: **voltigieren, Longe**

Die Pyramiden

Fotografieren ist das Hobby vieler Menschen. Besonders in den Ferien werden viele Fotos gemacht.

Ein besonders beliebtes Fotoobjekt für Touristen und Fotografen sind die Pyramiden bei Kairo in Ägypten. Die Pyramide des Pharao Cheops ist mit ihren 140 Metern so hoch wie ein Hochhaus. Sie besteht aus mehr als zwei Millionen Steinblöcken. Viele tausend Sklaven haben wegen der extremen Arbeitsbedingungen bei dem Bau der Pyramiden ihr Leben gelassen. Große Schutthalden am Fuße einer anderen Pyramide lassen darauf schließen, dass bei ihrem Bau eine Katastrophe geschehen sein muss. Möglicherweise war sie zu steil, sodass die Steine heruntergerutscht sind.

Viele Menschen behaupten, dass Fotografieren das Schönste aller Hobbys sei.

Wörteranzahl: 107

Fremdwörter mit y, Ph/ph, Ch: **Pyramide, Pharao, Katastrophe**

Vereinfachte Schreibung für ph: **fotografieren**

Plural bei Fremdwörtern auf -y: **Hobbys**

Beachte: zwei Schreibweisen bei **sodass / so dass**

Ferieneindrücke in Griechenland

Beladen mit Rucksack und Thermosflaschen standen Sophie, Philipp und Thomas auf den steinernen Sitzreihen eines alten griechischen Theaters in Epidauros. Sie waren beeindruckt von der herrlichen Aussicht. Sie staunten darüber, wie gut sie Theresa verstehen konnten, die unten auf der Bühne ein kurzes Gedicht von Sophokles aufsagte. „Was für eine feierliche Atmosphäre muss das damals in diesem Theater gewesen sein", dachten sie.

Nicht weit davon entfernt besichtigten sie ein Stadion für Leichtathletik. Auch hier wurden schon vor 2000 Jahren große Triumphe gefeiert. Um noch mehr über die alten Griechen zu erfahren, beschlossen die Kinder, sich gleich nach den Ferien in der Videothek Videos und in der Bibliothek Bücher zu diesem Thema auszuleihen.

Wörteranzahl: 113

Fremdwörter mit
Ph/ph: **Triumph, Sophokles**
Th/th: **Thema, Theater**

Aus dem Leben eines Ladenhüters

Ein Aftershave erzählt: „Hallo! Mein Name ist Duft. Ich arbeite als Rasierwasser, doch leider bin ich seit drei Jahren arbeitslos. So lange sitze ich schon in diesem Regal. Der Laden liegt eigentlich günstig, nämlich am Airport. Trotzdem will mich keiner haben. Meine Kollegen gehen weg wie warme Semmeln. Shorts, Shirts und Deodorants, Laptops und iPods werden ständig nachgefüllt. Ich zähle Leute, die in den Laden kommen und dann ihren Flug verpassen, nur weil sie unbedingt billig einkaufen wollten. Das ist mein Hobby. Kürzlich kam so ein irrer Typ in den Shop. Er ging auf mich zu und hatte mich schon in der Hand. Das war vielleicht aufregend! Er war nämlich der Star eines bekannten Eishockey-Teams. Doch dann ließ auch er mich einfach stehen."

Wörteranzahl: 123

Englische Fremdwörter: **Aftershave, Laptop, Shorts, Shirts, Shop**

Angriff auf den Magen

Herr Koch ist der Leiter des Instituts für Speiseforschung. Er muss Nahrungsmittel überprüfen und kontrollieren, ob sie gut schmecken oder nicht. Seine beiden besten Mitarbeiter sind Daniel, der Delfin, und Kaspar, das Känguru. Beide Mitarbeiter lieben ihren Job, da sie den ganzen Tag neue Speisen ausprobieren können. Wenn sie etwas gegessen haben, sagen sie in ein Mikrofon, wie es ihnen geschmeckt hat. Kaspar ist noch verfressener als Daniel und hat sich auf exotische Gerichte spezialisiert. Er isst Schikoreesalat, Tunfischbrötchen oder Artischocken in Bouillon. Von Nugateiern bekommt er allerdings Durchfall. Daniel liebt Majonäse, nur bei Spagetti bevorzugt er Ketschup. Beide hoffen, dass das Institut bald auch Aufträge aus Amerika bekommt, denn sie genießen am liebsten Cheeseburger und Milchshake.

Wörteranzahl: 117

Fremdwörter mit vereinfachter Schreibweise:
Schikoree, Majonäse, Ketschup

Achtung:
Die Schreibweise von „Chicorée“, „Mayonnaise“, „Ketchup“ ist auch korrekt.

Fremdwörter, die in dieser Form schon lange bestehen.

Vornehm Essen gehen

Vergangenes Wochenende hatte ich das Vergnügen mit meinem Onkel ein französisches Restaurant besuchen zu dürfen. Eigentlich wollte ich ja amerikanisch essen gehen, weil mir der Sinn nach Hamburgern mit Pommes frites und Majonäse stand. Mein Onkel bestand aber darauf, mit mir an meinem Geburtstag fürstlich zu dinieren. Er meinte, dass es nun wirklich an der Zeit sei, mich in die feine Gesellschaft einzuführen.

Den Auftakt des Menüs bildete ein Aperitif und eine Bouillon, zu der französisches Weißbrot, das berühmte Baguette, gereicht wurde. Anschließend servierte uns der Kellner eine flambierte Ochsenbrust. Vorzüglich schmeckte mir das Dessert. Es gab nämlich einen Schokoladenschaum, der in Frankreich Mousse au chocolat genannt wird.

Was mich allerdings störte, war das vornehme Gehabe. Ständig hatte ich das Gefühl, dass mich die Leute an den Nachbartischen beobachteten. Nein, beim nächsten Mal möchte ich doch wieder meinen Geburtstag mit meinen Freunden in einem Fastfood-Lokal feiern!

Wörteranzahl: 146

An die deutsche Sprache angepasste Fremdwörter:
Majonäse (auch Mayonnaise), **Menü, Dessert, Pommes frites**

Französische Fremdwörter: **Mousse au chocolat, Aperitif, Restaurant, Baguette**

Englische Fremdwörter: **Fastfood**

Game over

Neulich bekam ich beim Booten meines Computers einen Schreck. Nichts ging mehr! Ich fühlte mich einsam und verlassen. Ich konnte keinen Chatroom besuchen, keine E-Mails schreiben, kein Computerspiel starten. Ich war am Boden zerstört und völlig down, sozusagen offline. Was konnte ich tun? Zum Glück funktionierte mein Handy!

Mein bester Freund, ein begnadeter Computer-Freak, ließ nicht lange auf sich warten. Er begutachtete den Schaden. Mit einigen wenigen Handgriffen reparierte er das Bios. Dann ging alles sehr schnell. Er spielte von einer CD-ROM die komplette Software neu auf und startete den Browser. Endlich war ich wieder im Internet. Wir riefen die Homepage eines Game-Channels auf und legten sofort los. Wir spielten die ganze Nacht, ließen den Joystick und die Maus flitzen, um unseren High-Score zu verbessern. Zum Schluss taten uns die Augen weh. Aber wir waren wieder online!

Wörteranzahl: 136

Fremdwörter aus dem Englischen: **Software, Browser, down**

Schreibweisen mit Bindestrich: **Computer-Freak, CD-ROM**

Zur Beachtung:
Das Wort „Handy" gibt es nicht im Englischen. Es ist eine Wortneuschöpfung.

Die multikulturellen Wurzeln unserer Sprache

Viele Fremd- und Lehnwörter unserer Sprache stammen nicht nur aus dem Englischen und Französischen.

Gerade die so genannten „toten“ Sprachen Latein und Altgriechisch haben für die Entwicklung des Deutschen eine wichtige Rolle gespielt. Dies betrifft nicht nur Wörter aus unserer Alltagssprache, wie zum Beispiel die Worte: Automobil, Telefon, Delfin, Rhabarber und Theater. Viele der Worte, die aus diesen Sprachen stammen, sind ganz schön schwierig zu schreiben. Wer weiß denn schon, wie man die Worte Rhythmus, Mythos und Myrrhe schreibt?

Ganz chaotisch wird es, wenn man bedenkt, dass es auch Worte in unserer Sprache gibt, die aus Sprachen mit anderen Schriftsystemen stammen, für die erst eine Lautschrift erfunden werden musste. Oder wusstest du, dass die Worte Mais, Tabak und Zigarillo aus alten Indianersprachen stammen? Oder, dass das Wort Jogurt aus dem Türkischen, das Wort Basar aus dem Persischen und das Wort Roboter aus dem Tschechischen stammt?

Wörteranzahl: 145

Fremdwörter mit th: **Rhythmus, Mythos**

Vereinfachte Schreibung für ph: **Telefon, Delfin**

Vereinfachte Schreibung für gh: **Jogurt** (auch Joghurt)

Reise nach Amerika

Wenn Angela ihr Budget betrachtete, war die einzige Chance, nach Amerika zu kommen, als Aupairmädchen zu gehen. Ihr war dann schon etwas mulmig, als sie zirka ein halbes Jahr später den Airbus bestieg, der sie im Non-Stop-Flug nach Boston bringen sollte. Schon der Flug war aufregend genug. Die Crew versorgte die Passagiere mit ausgezeichneten Speisen vom Büfett. Ob nun einer Pommes mit Ketschup oder Majonäse wollte oder lieber Sauerkraut mit Püree, sie wurden allen Wünschen gerecht. Als dann die Ankündigung der Landung übers Mikrofon kam, wurde es ernst. Der erste Kontakt mit ihrer Gastfamilie stand kurz bevor. Ihre Eltern waren zwar ein bisschen indiskret und hatten sich schon vorher nach deren Renommee erkundigt. Aber sie wollten nicht, dass ihre Tochter ein Risiko eingehen würde. Bald waren Angelas Skrupel wie weggeblasen. Mrs. und Mr. Brown holten sie am Flughafen ab, waren enorm nett, und sie staunte nicht schlecht, als sie ihr neues Zuhause erblickte. Sie fuhren zunächst durch eine breite Allee, bis man die stattliche Villa erreichte. Durch ein vornehmes Entree gelangte man zu den Wohnräumen, und ihr eigenes Zimmer glich einem Atelier. Und ihr Dasein entwickelte sich zum Traumjob, wenn sie mit den beiden Kindern im Swimmingpool herumtollen konnte. Außer Kost und Logis bekam sie etwas Grundausstattung für ihr Portmonee, damit sie sich einen Besuch im Varietee oder auch mal in der Disko erlauben konnte.

Wörteranzahl: 225

Fremdwörter und an die deutsche Sprache angepasste Fremdwörter:
Budget, Ketschup, Renommee, Portmonee

Zur Beachtung:
Anglizismen werden vorzugsweise groß- und zusammengeschrieben, wenn das zweite Wort ein Substantiv ist.
Sonst gilt Großschreibung des ersten Wortes und Verwendung von Bindestrichen.

Die neuen Hobbys

Dass die Kommunikationsmedien Computer und Internet unsere Arbeitswelt entscheidend geprägt haben, ist eine banale Feststellung. Nicht nur neue kommerzielle Bereiche wurden erschlossen, sondern auch ungeahnte Möglichkeiten der Freizeitgestaltung.

Insbesondere Jugendliche verbringen zunehmend ihre Nachmittage mit Tastatur und Joystick vor dem Bildschirm und sind nicht selten die Computer-Experten in der Familie. Spielend installieren sie neue Programme, bauen Grafikkarten ein und aus und verfügen über das notwendige Know-how, um Probleme zu lösen, wenn ihre Eltern ratlos nach der Hotline-Nummer suchen.

Nicht wenige Väter und Mütter sind daher etwas milder gestimmt, wenn die monatlichen Telefonrechnungen das Familienbudget stärker strapazieren. Denn die Medienkompetenz der Computer-Kids hat durchaus finanzielle Konsequenzen. Das betrifft nicht nur das stundenlange Surfen im World-Wide-Web, sondern auch den ausgiebigen Aufenthalt in den Chatrooms. Fachleute sind sich noch nicht sicher, ob diese Form der Kontakte substanzielle Auswirkungen auf das jugendliche Verhalten haben wird oder nur neue Hobbys sind.

Wörteranzahl: 146

- Schwierige Fremdwörter: **strapazieren**
- Fremdwörter, die dem deutschen Sprachgebrauch angepasst wurden: **substanziell** (auch: substantiell)
- Groß- und zusammengeschrieben werden aus dem Englischen gebildete Zusammensetzungen: **Hotline, Joystick**
  Mit Bindestrich kann geschrieben werden, wenn die einzelnen Bestandteile deutlich gemacht werden sollen: **Knowhow – Know-how**
- Fremdwörter aus dem Englischen, die auf -y enden und im Englischen den Plural „-ies“ haben, erhalten im Deutschen ein „s“: **Hobbys**

Jürgens Aufstieg

Es ist schon ein Phänomen, wie Jürgen sich immer aufspielt. Nur weil er neuerdings im Komitee der Schülerzeitung sitzt, meint er, allwissend zu sein. Wenn er sich mit seinen bisherigen Freunden ganz normal unterhält, fängt er sofort an zu gestikulieren, und seine Stimme schwillt enorm an. Er hält seine Vorschläge auf einmal für eine besondere Rarität und wirft den anderen ständig mangelnde Flexibilität vor, nur weil sie nicht alles auf Anhieb akzeptieren. Großzügig verspricht er demjenigen, der mit ihm sympathisiert, dass er kostenlos eine private Anzeige in der Schülerzeitung inserieren kann, weil schließlich er darüber entscheidet, was publiziert wird und was nicht.

Eine Zeit lang waren seine Angebereien nicht auszuhalten. Aber irgendwann fällt er hoffentlich mit seinem vorlauten Mundwerk auch mal auf die Nase, damit sich seine Selbsteinschätzung wieder relativiert.

Wörteranzahl: 130

Schwierige, in der Rechtschreibung unveränderte Fremdwörter:
Phänomen
und an den deutschen Sprachgebrauch angepasste: **Komitee**

Kleinstadt „Flughafen“

Einige internationale Flughäfen sind so groß wie Kleinstädte. Tausende von Menschen arbeiten dort in Geschäften, Restaurants, Cafés und Büros. Sie arbeiten z. B. als Kellner, Verkäufer, Ingenieure, Zollbeamte, Gepäckträger, Stewardessen und Fensterputzer.

Besonders in Ferienzeiten sind die riesigen Abfertigungshallen voll von jungen und alten Passagieren, die an den Schaltern einchecken wollen. Dann stolpert man dort über zahlreiche Koffer, sperrige Gepäckstücke, dicke Rucksäcke und eckige Pakete. Überall lachen, rufen, reden und plaudern Leute. Manche laufen, hetzen und rennen die langen Gänge entlang. Andere warten sitzend, schlafend, lesend oder rauchend auf ihre Abflugzeit.

Währenddessen überwachen Fluglotsen das Starten und Landen der Flugzeuge. Sobald ein Flugzeug gelandet ist, wird es entladen, beladen, aufgetankt und startklar gemacht.

Wörteranzahl: 113

Kommas bei Aufzählungen, aber nicht vor **und** und **oder**

Auf der Bootsausstellung

„Was für ein schönes Segelschiff!“, ruft Nora. „Womit wird es eigentlich gesteuert?“, fragt Lutz. „Dummkopf, das weiß doch jeder“, schreit Nora, „mit der Ruderpinne natürlich.“

„Nora“, schimpft Vater, „du bist sehr unhöflich.“ Dann erklärt er: „Die Ruderpinne ist mit dem Ruderblatt verbunden. Mit ihm verändert man die Richtung. Wird die Ruderpinne nach rechts bewegt, fährt das Boot nach links.“ „Und wenn man sie nach links bewegt“, ruft Lutz dazwischen, „fährt das Schiff nach rechts!“

„Und womit hält man das Boot auf Kurs, Nora?“, fragt Vater. „Woher soll ich das denn wissen?“, brummt Nora. „Bist du nicht in der Segelschule?“, fragt Vater erstaunt. Dann fährt er fort: „Mit dem Kielschwert natürlich. Es verhindert, dass das Boot seitlich abdriftet, wenn der Wind in die Segel packt.“

Wörteranzahl: 124

Anführungszeichen und Satzzeichen bei der wörtlichen Rede

„......... ?/!/.“

Begleitsatz: „......... ?/!/.“

„.........“, Begleitsatz, „......... ?/!/.“

„......... ?/!“, Begleitsatz.

Wie werden Züge angetrieben?

Heute gibt es Diesel- und Elektrolokomotiven, während die ersten Züge vor ungefähr 200 Jahren nur mit Dampf angetrieben wurden. Sie fuhren so langsam, dass man während der Fahrt nebenhergehen konnte.

Es ist klar, dass die Dieselmotoren der Züge genauso arbeiten wie die Dieselmotoren der Autos. Diese Motoren erzeugen über einen Generator Strom, der den Motoren zugeführt wird, damit diese die Räder antreiben und Wärme und Licht liefern. Es hat sich gezeigt, dass Züge mit Elektromotoren viel schneller sind. Den Strom holen sie sich aus Leitungen, die oberhalb der Züge oder zwischen den Schienen laufen. Weißt du, wo der schnellste Personenzug Europas fährt? In Frankreich. Es ist der TGV, für den eine neue Strecke ohne enge Kurven angelegt werden musste, weil er so schnell ist.

Wörteranzahl: 124

Nebensätze mit den Konjunktionen **während**, **dass**, **damit**, **weil**, dem Fragewort **wo** und den Relativpronomen **der**, **die** werden durch Kommas abgetrennt.

Das Geburtstagsgeschenk

„Bist du auch zu Meikes Geburtstag eingeladen?“, fragt mich Ralf nach der Schule.
„Ja, sie hat elf Kinder eingeladen. Was schenkst du ihr denn?“
Ralf antwortet: „Etwas zum Lesen, sie ist doch eine richtige Leseratte.“
„Das stimmt. Ich habe auch an ein Buch gedacht. Aber sie hat schon jede Menge Abenteuerbücher. Vielleicht könnten wir ihr zusammen ein Buch kaufen, zum Beispiel schöne Tiergeschichten.“
„Gute Idee“, meint Ralf, „aber das mit den Tiergeschichten passt vielleicht doch nicht so gut.“
„Ihr habt Recht“, weiß Paula, die uns zugehört hat. „Ich schenke Kriminalgeschichten zum Selberraten. Meike will doch Kommissarin werden.“
„Das ist die Idee. Komm!“, ruft mir Ralf zu. „Gehen wir gleich in die Buchhandlung?“
Wie viele Kriminalromane bekommt Meike wohl?

Wörteranzahl: 118

Zeichensetzung bei wörtlicher Rede mit folgenden Varianten:

„……… ?/!/.“

Begleitsatz: „……… ?/!/.“

„………“, Begleitsatz, „……… ?/!/.“

„……… ?/!“, Begleitsatz.

Oma Otti und die Fernbedienung

Es war kein stinknormales Fest, sondern ein Familientreffen der besonderen Art. Oma Otti hatte zu ihrem siebenundsiebzigsten Geburtstag ihre sieben jüngsten Enkel eingeladen. Nachdem sie sieben Stunden lang Achterbahn gefahren waren, saßen sie nun erschöpft in einem Feinschmeckerrestaurant. „Entweder wir bestellen jetzt endlich etwas(,) oder ich streike", warnte Klaus die anderen. Oma gab den Startschuss(,) und alle sieben Enkel griffen zu der Fernbedienung, die jeder an seinem Platz liegen hatte. Roman bestellte das dritte Programm: einen saftigen hessischen Handkäse, danach eine Grillplatte und zum Schluss eine Eisbombe. Manuel wollte nichts essen. Er wählte das sechste Programm: Zuerst spielte eine Musikgruppe(,) und anschließend trat ein Clown auf. Oma Otti ließ mit ihrer Fernbedienung einen Bauchtänzer kommen und wurde vor Aufregung ganz rot.

Wörteranzahl: 121

Zwei Hauptsätze trennt man durch ein Komma voneinander ab:
Oma Otti kommt, ihr Enkel geht.

Werden zwei Hauptsätze durch ein „und" oder „oder" getrennt, muss kein Komma gesetzt werden: **Oma Otti kommt(,) und ihr Enkel geht.**

Dies gilt auch für „beziehungsweise / bzw.", „entweder … oder", „nicht … noch", „weder … noch".

Das Stück „Obsttorte“

Die Birne glühte vor Aufregung. Sie lag mitten auf der Bühne im Rampenlicht. Neben ihr lagen eine Quitte, eine Ananas, eine Banane, eine große spanische Melone sowie ein dicker Pfirsich. Die kleine, schwitzende Birne fragte sich, warum der Vorhang nicht hochging. Entweder hatten die Techniker ihren Einsatz verpasst oder zu viel getrunken. Es rührte sich nichts: weder der Vorhang noch die Musiker im Orchestergraben. Inzwischen glühte sowohl die Gurke als auch die Quitte. Die Banane hatte ihre Schale schon ausgezogen, so heiß war ihr. Dann zerriss ein Schrei die Stille: „Was ist los?“, brüllte die Birne voller Wut. Plötzlich erhob sich der Vorhang, die Musik setzte ein, das Publikum klatschte, der Tortenboden schwebte auf die Bühne und das Stück „Obsttorte“ begann.

Wörteranzahl: 121

Komma nach Aufzählung (einzelne Worte, Satzteile oder ganze Sätze)

Kein Komma zwischen „sowohl … als auch“, „entweder … oder“ und vor „sowie“ bei Aufzählungen und gleichrangigen Teilsätzen

Nach indirekten Fragen steht kein Fragezeichen.

Nach einem Doppelpunkt schreibt man das erste Wort eines vollständigen Satzes immer groß, sonst gilt die Kleinschreibung.

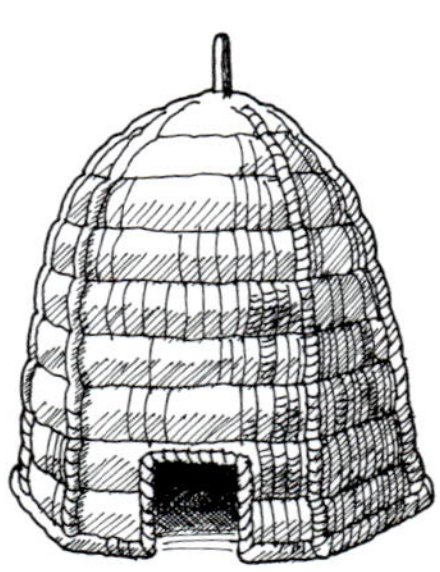

Wenn Buchstaben Rätsel aufgeben

Menschen, die nicht lesen und schreiben können, gibt es nicht nur in unterentwickelten Ländern, sondern auch in Deutschland. Die Probleme mit der Schrift bewirken, dass Analphabeten nur schwer im täglichen Leben zurechtkommen. Das Fernsehprogramm, einen Fahrplan oder eine Gebrauchsanweisung zu lesen sowie wichtige Formulare auszufüllen, bereitet ihnen größte Schwierigkeiten. Sie finden kaum einen Arbeitsplatz, denn sowohl Lesen als auch Schreiben ist für viele Berufe unentbehrlich.

Wie kommt es, dass Menschen die Schriftsprache nur unzureichend erlernen? Dafür gibt es mehrere Gründe, doch ganz bestimmt sind die Betroffenen nicht zu dumm dazu. Meist wurden sie als Kinder nicht genügend betreut und gefördert. Auch ausländische Menschen, die Deutsch nur über das Hören gelernt haben, können die Sprache oft nicht lesen oder schreiben.

Doch zum Lernen ist es nie zu spät! Wer es in der Schule nicht schaffte, kann auch als Erwachsener noch Lesen und Schreiben lernen.

Wörteranzahl: 143

Komma
- bei Relativsätzen, die mit **der, die, das** … eingeleitet werden
- bei den Konjunktionen **dass, doch, aber, sondern, denn** …
- bei Aufzählungen

Kein Komma zwischen „sowohl … als auch" bei gleichrangigen Teilsätzen

Fragezeichen nach direkten Fragen

Ausrufezeichen nach Ausrufen und um dem Gesagten Nachdruck zu verleihen

Rasender Reporter

Stift, Notizblock und Fotoapparat sind bereit. Tom Sonnenberg, neuer Reporter bei der örtlichen Lokalzeitung, ist startklar, aber sehr nervös. Schließlich ist das Interview mit Herrn Habmann, dem Rektor der Realschule, sein erstes.

„Wieso beschuldigen Sie die Stadtverwaltung, dass sie die Realschule vernachlässige?“, fragt Tom Sonnenberg. „Schon vor einem Jahr habe ich die Stadt informiert, dass es in die Realschule hineinregnet“, beginnt Herr Habmann. „Jetzt ist sogar eine durchnässte Decke heruntergestürzt! Im oberen Stockwerk kann nicht mehr unterrichtet werden, weil das zu gefährlich wäre. Das Schulgebäude muss renoviert werden.“ Tom Sonnenberg hakt ein: „Eine Renovierung dauert eine Weile. Wo soll der Unterricht so lange stattfinden?“ „Das fragen Sie doch am besten den Herrn Bürgermeister!“, raunzt Herr Habmann aufgebracht.

Nach dem Interview flitzt Tom Sonnenberg in die Redaktion, um den Artikel über die Realschule zu verfassen. Er muss sich beeilen, da er bereits in einer Stunde den nächsten Termin hat.

Wörteranzahl: 148

Komma
- bei Aufzählungen: **Stift, Notizblock und Fotoapparat**
- bei nachgestellten Zusätzen: Tom Sonnenberg, **neuer Reporter ...,**
- bei den Konjunktionen **dass, weil, da** ...

Das Komma beim erweiterten Infinitiv mit **zu** muss gesetzt werden, wenn die Infinitivgruppe mit **als, (an)statt, außer, ohne** oder **um** eingeleitet wird.

Ausrufezeichen nach Ausrufen und um dem Gesagten Nachdruck zu verleihen

Anführungs- und Satzzeichen bei der wörtlichen Rede

Nudeln, Nudeln, Nudeln

Bestimmt isst du auch für dein Leben gern Spagetti mit Tomatensoße. Aber hast du dir schon einmal überlegt, woher Nudeln kommen und wie sie gemacht werden? „Aber das weiß doch jeder, dass Nudeln eine italienische Erfindung sind!", antwortest du vielleicht. Das stimmt aber nicht, denn in China kennt man Nudeln schon länger als in Italien. Dort hat man ein Nudelrezept gefunden, das rund 4000 Jahre alt ist. Die Nudeln wurden damals schon aus Weizenmehl, Eiern und Wasser zubereitet. Man verwendet die gleichen Zutaten heute noch(,) und manchmal werden die Eier auch weggelassen. Inzwischen ist Italien das Nudelland Nummer eins: Die Auswahl an verschiedenen Nudelsorten beträgt einige hundert. Wer in Italien etwas auf sich hält, der macht seine Teigwaren in alter Tradition von Hand. Die Nudeln, die man bei uns kaufen kann, sind meistens in Fabriken hergestellt worden. Aber lecker schmecken diese auch, oder?

Wörteranzahl: 143

Komma
- bei den Konjunktionen **dass, als, weil, da, denn** ...
- bei Relativsätzen, die mit **der, die, das** ... eingeleitet werden
- bei Aufzählungen

Das Komma kann bei zwei Hauptsätzen, die mit **und** verbunden sind, wegfallen.

Anführungs- und Satzzeichen bei der wörtlichen Rede

Fragezeichen nach direkten Fragen

Großschreibung nach dem Doppelpunkt, wenn ein vollständiger Satz folgt.

Hausaufgaben

„Wenn ich bloß wieder einen Blick in die Zimmer meiner Töchter wage, wird mir ganz schlecht!“, grübelt Frau Hansen vor sich hin. Petra und Michaela hatten wie immer tausend andere Dinge im Kopf. Überhaupt verbrachten sie die meiste Zeit ihres täglichen Lebens auf ihrem Bett liegend. Frau Hansen fragte sich insgeheim: „Warum haben wir den beiden überhaupt Schreibtische gekauft, wenn sie ihre Hausaufgaben doch nur auf dem Bett erledigen?“

Was sie am meisten ärgerte, wollte sie ihnen aber heute Mittag sagen. Sie sah es nicht mehr ein, dass sie – obwohl ihr Halbtagsjob ganz schön stressig war – jeden Mittag das Geschirr allein abwaschen und abtrocknen musste. „Könnten wir ab heute einen Abtrockendienst abwechselnd zwischen euch beiden einrichten?“, fragte Frau Hansen. Aber Petra und Michaela schienen mal wieder taub zu sein(,) und mit freundlicher Miene erklärten sie der Mutter: „Ich war schon so lange nicht mehr im Schwimmbad!“ oder „Ich muss meiner besten Freundin in Mathe helfen.“

Nach einer Woche war es Frau Hansen zu bunt. Gestern hatte es zwar Fisch gegeben, aber sie brachte es eiskalt fertig, den beiden die ungesäuberten Teller wieder hinzustellen. Sie selber aß ihren köstlichen Kaiserschmarren aus einem blinkenden, sauberen Teller und meinte nur: „Guten Appetit!“ Beiden Töchtern wurde mit einem Schlag klar, entweder sie beteiligten sich an der notwendigen Hausarbeit oder sie würden einiges an Komfort einbüßen müssen.

Wörteranzahl: 222

Nebensätze trennt man vom Hauptsatz durch ein Komma.

Bei gleichwertigen Hauptsätzen, die mit **und** bzw. **oder** verknüpft sind, kann das Komma entfallen.

Folgt nach der wörtlichen Rede ein Begleitsatz, trennt man diesen mit einem Komma ab. Steht die wörtliche Rede am Ende eines Ganzsatzes, entfällt dessen Schlusspunkt.

Tierisch

Ich ärgere mich jedes Mal tierisch, wenn ich wieder in so ein Hundehäufchen getreten bin! Ständige Achtsamkeit aufzubringen, kann ja nicht der Sinn und Zweck meines Daseins in unserer Stadt sein. Brav ihre Hundesteuer zahlend, meinen viele Hundebesitzer, damit einen Freibrief für die Verunreinigung unserer Gehwege zu haben.

Aber mit ein bisschen Rücksichtnahme müsste es doch möglich sein, unberührte Fleckchen in der Natur zu finden, wo nicht so schnell der Fuß eines Menschen auftritt. Oder aber sollte die Stadtverwaltung ein Konzept überlegen, um dieses Ärgernis abzuschaffen. Möglich wäre z. B. ein günstig gelegenes Plätzchen in einer Grünanlage, eingefasst mit irgendwelchen Steinen und ausgefüllt mit Sand oder Torf. Sobald das Füllmaterial verunreinigt ist, sollte es durch neues ausgetauscht werden. Oder es sollten in gefährdeten Gebieten Automaten installiert werden, aus denen man die notwendigen Hilfsmittel wie Plastikschäufelchen und Tüte herauslassen kann, um das Malheur zu beseitigen.

Daher folgender Tipp: Wir sollten diese Denkanstöße immer wieder zur Diskussion stellen, anstatt uns nur zu ärgern und über die Hunde zu schimpfen.

Wörteranzahl: 167

Infinitivgruppen muss man mit Kommas abgrenzen, wenn eine der folgenden Bedingungen erfüllt ist:
- die Infinitivgruppe ist mit **um, ohne, statt, anstatt, außer, als** eingeleitet
- die Infinitivgruppe hängt von einem Verweiswort ab: **damit, es**
- Partizipgruppen wie **ihre Hundesteuer zahlend, ...**

Freundschaft

Man sollte meinen, dass es beinahe selbstverständlich ist, Freunde zu haben. Sind es nicht die Mitschüler, mit denen man täglich in der Pause „abhängt“, lacht, lästert und sich bei Hausaufgaben aushilft? Oder die zahlreichen Kumpel, männliche oder weibliche, aus der Clique? Im Schwimmbad liegend oder im Jugendzentrum plaudernd(,) verbringt man doch ganze Wochenenden mit ihnen. Eine Freundin ist Steffi, mit der man stundenlang telefoniert, sodass die Eltern am Monatsende entsetzt über der Telefonrechnung brüten. Ein Kumpel ist Kai, der Vereinsfreund. Wie oft hat man schon gemeinsam den Sieg gefeiert!

Aber wie wird sich Kai verhalten, wenn man nun schon zum dritten Male versagt hat und die ganze Mannschaft sauer ist? Und Steffi, die aufmerksame Zuhörerin? Wird sie es aushalten, sich wochenlang den gleichen schrecklichen Liebeskummer anzuhören? „Freunde erweisen sich in der Not!“, sagt ein Sprichwort. Wenn Steffi dir zu verstehen gibt, dass du sie zwar zurzeit grenzenlos nervst, sie dir aber trotzdem zuhören wird, dann hast du eine Freundin. Und wenn Kai, nachdem sich alle anderen schweigend aus dem Staub gemacht haben, bei dir bleibt, erweist er sich als Freund. Dann kann man stolz sowohl auf Steffi als auch auf Kai sein.

Wörteranzahl: 192

Komma bei
- Aufzählungen: **..., lacht, lästert und sich gegenseitig hilft**
- Appositionen: **... Kumpel, männliche oder weibliche, ...**
- der Trennung von Haupt- und Nebensätzen: **Wenn Steffi dir zuhört, dann ...**
- Infinitiv- und Partizipialkonstruktionen, wenn ein hinweisendes Wort im Satz auftaucht **(dazu, damit, es)**
- einer wörtlichen Rede und einem Begleitsatz: **„Freunde erweisen sich in der Not!“, sagt ein Sprichwort.**

Markt und Straßen sind verlassen

Die Sommerferien sind gerade vorbei, manche warmen Herbsttage verlocken noch zum Sonnenbaden, in den Geschäften jedoch macht sich eine andere Jahreszeit bemerkbar. Anfang Oktober bevölkern bunt verpackte, gütig lächelnde Nikoläuse die Auslagen(,) und in den Regalen türmen sich Stapel von Adventskalendern sowie unzählige Rollen von goldbedrucktem, sternenübersätem Geschenkpapier. Während die Herbstsonne strahlend auf die Gäste der Straßencafés herabscheint, hängen Arbeiter erste Lichtgirlanden auf und postieren Plastiktannenbäume. Allmählich werden die Schaufenster mit weißen Schneeflocken besprüht(,) und Eis leckende Kinder bestaunen die nickenden, beladenen Rentiere dahinter. Dann hört man schon die ersten jauchzenden Weihnachtslieder jubeln(,) und innerhalb kürzester Zeit brodelt die Innenstadt von schwer bepackten, gehetzten Menschen, die sich von gebrannten Mandeln und Bratäpfeln zu ernähren scheinen. So geht das wochenlang(,) und wenn man schon fast glaubt, dass der Irrsinn kein Ende nimmt, bricht mit Glockengedröhn die Heilige Nacht an und fegt die Straßen leer. Die Menschenfluten sind nun hinter Jalousien verschwunden, hinter denen es merkwürdig still geworden ist.

Wörteranzahl: 157

Komma bei
- Aufzählungen: **... von goldbedrucktem, sternenübersätem Geschenkpapier**
  Aber: Bezieht sich ein Wort der Aufzählung auf das folgende, steht kein Komma: **die ersten jauchzenden Weihnachtslieder**
- Satzgefügen von Haupt- und Nebensätzen: **Während die Herbstsonne herabscheint, hängen Arbeiter ...**
- Aneinanderreihung von Hauptsätzen: **Die Sommerferien sind vorbei, manche Herbsttage verlocken ...**
  Bei der Reihung von selbstständigen Sätzen, die durch „und" verbunden sind, kann man ein Komma setzen, um die Gliederung des Gesamtsatzes deutlich zu machen.

Große Einkaufszentren auf dem Land

Immer häufiger findet man auf dem Land zwischen den Gemeinden riesige Einkaufszentren mit großen Parkplätzen. Dort kannst du in großen Hallen die verschiedensten Fleisch- und Wurstwaren, unzählige Käse- und Brotsorten und sonstige Lebensmittel kaufen. Gleich daneben findest du Möbellager mit Küchen- und Wohnzimmermöbeln. Sie führen alle möglichen Arten von Schlaf- und Kinderzimmern und sämtliche Sachen für Bäder und Flure. Während ihre Kinder in Spiel- und Malstuben beschäftigt sind, können die Eltern dort in Ruhe die Möbel betrachten.

Besonders häufig sieht man außerhalb der Ortschaften große und kleine Gartencenter. Dort können unter anderem Nutz- und Zierpflanzen, Garten- und Campingmöbel und je nach der Jahreszeit Weihnachts- oder Osterschmuck gekauft werden. Manche bieten sogar Springbrunnen und Fische an.

Wörteranzahl: 115

Einsparung eines gemeinsamen Bestandteiles durch einen Bindestrich:
Fleisch- und **Wurstwaren**

An der Autobahnraststätte

„Sieh mal da drüben der schicke Wagen, Papa!“, ruft der 7-jährige Florian.“ „Du meinst den Sportwagen dort hinten?“, fragt Vater, „das ist ein 8-Zylinder. Was ganz Feines.“ „So einen habe ich schon mal auf der Friedrich-Ebert-Straße gesehen“, erklärt Florians 10-jähriger Bruder. „Richtig“, stimmt Florian zu, „aber der hier glänzt mehr.“ „Wie viel Zylinder hat denn unser kleiner Wagen?“, will Lutz wissen. „Das ist bloß ein 4-Zylinder“, seufzt Vater. „Ich würde gerne mal so einen großen Lastwagen wie diesen dort von innen sehen“, wünscht sich Lutz. „Das ist bestimmt ein 30-Tonner oder ein 38-Tonner“, erklärt der Vater. „Kannst du so einen großen Wagen fahren?“, will Florian wissen. „Nein, dazu braucht man einen besonderen Führerschein. Und den habe ich nicht“, antwortet Vater. „Ob wir mal den Fahrer bitten könnten, uns den Wagen von innen zu zeigen, Papa?“, fragt Lutz.

Wörteranzahl: 136

Der Bindestrich in Zusammensetzungen mit Ziffern: **8-Zylinder**

Der Bindestrich bei Straßennamen: **Friedrich-Ebert-Straße**

Im Duisburger Hafen

Klaus von der Anton-Holz-Straße und Anna von der Albrecht-Dürer-Allee in Duisburg machen eine Hafenrundfahrt. „Kaum zu glauben, dass es hier in Nordrhein-Westfalen den größten Binnenhafen Europas gibt, oder? Er könnte doch auch in Rheinland-Pfalz oder in Baden-Württemberg sein“, wundert sich Anna. „Das hat wohl mit der günstigen Lage und auch mit dem Ruhrgebiet und seiner Industrie zu tun“, meint Klaus. „Er ist einfach riesig, dieser Duisburger Hafen“, staunt Anna, „seht nur das Containerschiff dort drüben. Was mag nur in all den Dingern drin sein?“ „Alles Mögliche!“, ruft Klaus, „T-Shirts aus Amerika, Tee von der letzten Tee-Ernte, Vulkangestein von den Hawaii-Inseln, See-Elefanten für den Zoo ...“ „Spinner“, lacht Anna, „sieh mal den Schrott-Transporter, der da im Schritt-Tempo ankommt. Auf einer 100-m-Strecke wäre ich sicher schneller als der.“

Wörteranzahl: 125

Bindestrich bei:
- Zusammensetzungen von zwei geographischen Eigennamen: **Nordrhein-Westfalen**
- Aneinanderreihungen mit Zahlen und Ziffern: **100-m-Strecke**
- Straßennamen mit mehrteiligen Eigennamen: **Anton-Holz-Straße**
- Zusammensetzungen mit Einzelbuchstaben: **T-Shirt**

Mit Bindestrich kann auch bei Zusammensetzungen mit drei gleichen Buchstaben geschrieben werden: **Tee-Ernte**

Pech gehabt!

Herr Birnbaum rannte mit dem Koffer in der einen Hand, der Tageszeitung in der anderen, den Bahnhofsgang entlang. Beinahe hätte er wegen der Zeitung erst die S-Bahn, dann die U-Bahn verpasst. Aber es war gerade noch einmal alles gut gegangen.

Mit fliegendem Mantel und guten Mutes eilte er zu Gleis 16, wo sein IC-Zug nach Baden-Baden abfahren sollte. Seufzend erreichte er zwei Minuten vor Abfahrt den Bahnsteig. Nanu, wo war der Zug? Missmutig stellte Herr Birnbaum fest, dass dieser eine 25-minütige Verspätung haben sollte.

Er setzte sich hin und las seine Zeitung. Er las UV-Strahlen-gefährdete Feriengäste in Australien, K.-o.-Schlag legte Boxerstar um. Mit Vitamin-C-Tabletten Erkältungen bekämpfen … Herrn Birnbaums Augen fielen zu. Er schlief.

Als er wieder aufwachte, fuhr sein Zug gerade ab.

Wörteranzahl: 122

Schreibung mit Bindestrich
- bei Zusammensetzungen mit Abkürzungen: **S-Bahn**
- zwischen allen Bestandteilen mehrteiliger Zusammensetzungen, in denen eine Wortgruppe oder eine Zusammensetzung mit Bindestrich auftaucht: **Vitamin-C-Tabletten**
- bei Zusammensetzungen mit Ziffern: **25-minütig**
- bei geographischen Bezeichnungen: **Baden-Baden**

Begeistert

Gerade verklang der letzte Takt einer Mozart-Sonate in A-Dur. Die Zuschauer waren begeistert. Sie klatschten und johlten.

Es waren nicht nur die 500 Schüler des Anne-Frank-Gymnasiums in Berlin, die da so begeistert applaudierten. Viele Gäste waren da. Sie alle waren zusammengekommen, um die 50-Jahr-Feier ihrer Schule zu feiern.

Die meisten von ihnen trugen stolz die bedruckten T-Shirts mit dem Namen der Schule, die man dank eines großzügigen Sponsors für nur einen 5-Euro-Schein an einem Sonderstand neben dem Schulkiosk hatte kaufen können.

Es wurde wieder still im Saal. Eine der älteren Schülerinnen sang einige „Piaf"-Lieder, alle in b-Moll, ein wenig traurig, ein wenig schwermütig. Wieder waren alle begeistert. Alex, der Freund der Sängerin, hätte diese Lieder am liebsten noch x-mal gehört. So begeistert war er.

Wörteranzahl: 124

Schreibung mit Bindestrich
- bei Zusammensetzungen mit Einzelbuchstaben: **A-Dur, x-mal**
- bei Zusammensetzungen, die als ersten Bestandteil einen Eigennamen haben, der besonders hervorgehoben werden soll: **Piaf-Lieder**
- zwischen allen mehrteiligen Zusammensetzungen, bei denen eine Wortgruppe mit Bindestrich verbunden ist: **5-Euro-Schein**

Das Wettrennen

Michael sah es Fata-Morgana-ähnlich in der Sonne blitzen: Auf der anderen Straßenseite lag ein 5-Euro-Schein, direkt vor der Lotto-Annahmestelle. Die Ampel war noch rot, da sah er, dass er nicht der Einzige war, der den Geldschein entdeckt hatte. Neben ihm machte sich ein anderer Junge startklar, und Michael wusste: Es wird ein harter Kampf! Die Ampel schaltete um, beide rannten wie in einem 100-m-Sprint los. Es gab ein hartes Kopf-an-Kopf-Rennen. Der Konkurrent war gut: Er lief eine flinke Links-rechts-Kombination um zwei Pflanzenkübel. Aber Michael war 5-mal schneller, denn er hatte sein Skateboard dabei und erreichte den Bürgersteig vor seinem Gegner. Doch was kam denn da von der anderen Seite? Eine Kehrmaschine der Frankfurter Stadtwerke war am schnellsten und fegte den Schein weg, noch bevor einer von beiden das Geld aufheben konnte. Sie kamen eine 100stel-Sekunde zu spät.

Wörteranzahl: 137

Bindestrich bei:
- substantivisch gebrauchten Zusammensetzungen: **Fata-Morgana-ähnlich**
- Aneinanderreihungen mit Zahlen und Bezeichnungen: **5-Euro-Schein**
- Zusammensetzungen mit Ziffern: **5-mal**
- Verbindungen aus Ziffern und Vorsilben: **100stel-Sekunde**

Winzig Wohnen

Herr Meier-Lutz schickt seinem Vermieter einen Beschwerdebrief: „Ich habe keinen Platz“, schreibt er, „seit den frühen 80er-Jahren wohne ich in dieser 3-Zimmer-Wohnung. Die ist so groß wie eine 55-Cent-Briefmarke. Außerdem ist sie unglaublich laut. Direkt vor der Haustür ist die gefährliche S-Kurve der viel befahrenen Heinrich-Heine-Straße. Jede Nacht donnern hier mindestens hundert laute 40-Tonner vorbei, die alle an der Kurve 3-mal bremsen müssen. Bei dem Lärm kann doch kein Mensch schlafen. Als ich die Fußball-WM sehen wollte, wackelte sogar der Fernseher. Aber den werde ich jetzt zur Sondermüll-Abgabestelle bringen, es ist einfach zu eng hier. Bitte bauen sie einen großen Balkon an, damit ich endlich meine Pflanzen irgendwo hinstellen kann. Auch über Schallschutz-Fenster würde ich mich sehr freuen. Ich möchte endlich mal wieder ruhig schlafen. Vielen Dank.“

Wörteranzahl: 127

Bindestrich bei
- Doppelnamen: **Meier-Lutz**
- Verbindungen aus Ziffern und Vorsilben: **80er-Jahren**
- Zusammensetzungen mit Ziffern: **3-Zimmer-Wohnung**
- Straßennamen: **Heinrich-Heine-Straße**
- substantivisch gebrauchten Zusammensetzungen und Abkürzungen: **Fußball-WM**

Der Aufsatz

Es war wieder so weit. Ein 2-stündiger Aufsatz sollte geschrieben werden. Gespannt saßen die Schüler und Schülerinnen vor ihren Aufsatzheften. Die Themen, die heute zur Auswahl standen, bezogen sich alle auf den Besuch im Museum vorgestern.

Da hatten sie eine Ausstellung impressionistischer Maler besucht. Das war zwar schon zum x-ten Mal geplant gewesen, aber immer wieder aufgeschoben worden. Plötzlich hatte die Lehrerin vorgestern verkündet, sie sei das Auf-die-lange-Bank-Schieben jetzt leid. Gleich um 10 Uhr würden sie die Ausstellung besuchen. Die Begeisterung war einstimmig.

Eins der Aufsatzthemen bezog sich auf die Vincent-van-Gogh-Bilder und auf das Leben des Malers. Wer über van Gogh schreiben wollte, sollte das in der Ich-Form tun, hatte die Lehrerin verkündet. Das Sich-in-die-Person-Hineindenken hielt sie für besonders wichtig und fruchtbar. Fast alle Schüler entschieden sich spontan für dieses Thema. Der Aufsatz wurde für alle ein großer Erfolg.

Wörteranzahl: 140

Schreibung mit Bindestrich
- zur Hervorhebung einzelner Bestandteile: **Ich-Form**
- in substantivisch gebrauchten Zusammensetzungen (Aneinanderreihungen): **das Auf-die-lange-Bank-Schieben**
- bei mehrteiligen Zusammensetzungen, deren erste Bestandteile aus Eigennamen bestehen: **Vincent-van-Gogh-Bilder**
- bei Zusammensetzungen mit Einzelbuchstaben: **zum x-ten Mal**
- bei Zusammensetzungen mit Ziffern: **2-stündig**

Weihnachtseinkäufe

Astrid und Alex Müller machen Weihnachtseinkäufe. Es regnet, aber was macht das schon, wenn aus dem Lautsprecher der Schneewalzer im 3⁄4-Takt ertönt.

Sie betreten einen Buchladen. Für ihre Freunde kaufen sie ein spannendes Frage-Antwort-Spiel mit dem Titel: Kopf-an-Kopf-Rennen, für die Mutter eine Ich-Erzählung einer berühmten Sängerin und schließlich noch für den Vater ein Buch über die Midlife-Crisis (ganz dringend, hatte Alex schon seit Tagen gemeint) und für die Großmutter ein Buch über verschiedene Musiker-Leben. Hoppla, beinahe hätten sie ja den Kunstführer durch Baden-Württemberg für Onkel Jan vergessen!

Mit Päckchen schwer beladen verlassen sie den Laden. Mit Mühe erstehen sie im Kaufhaus noch zwei Bett-Tücher für Tante Irma und ein Abend-Make-up für Astrids Freundin Nora. Dann reicht es ihnen endgültig.

Nach diesem 2-Stunden-Einkauf stolpern sie ganz erschöpft in die Tante-Rosa-Pizzeria gleich neben dem Friedrich-Schiller-Denkmal, als Alex sich plötzlich daran erinnert, dass sie den Paul-Klee-Kalender für seinen Freund vergessen haben.

Wörteranzahl: 148

Schreibung mit Bindestrich
- bei mehrteiligen Zusammensetzungen, deren erste Bestandteile aus Eigennamen bestehen: **Paul-Klee-Kalender**
- bei geographischen Eigennamen: **Baden-Württemberg**
- zwischen allen Bestandteilen mehrteiliger Zusammensetzungen, in denen eine Wortgruppe mit Bindestrich auftaucht: **2-Stunden-Einkauf**
- bei Zusammensetzungen mit Ziffern: **3⁄4-Takt**
- empfiehlt sich manchmal zur besseren Lesbarkeit oder bei dem Zusammentreffen von drei gleichen Buchstaben: **Bett-Tücher**

Der Tante-Emma-Laden

In unserem letzten Urlaubsort fanden wir die Nostalgie pur: den Tante-Emma-Laden des Ehepaars Müller-Wolters.

Der größte Raum ihrer 4-Zimmer-Wohnung war dazu umfunktioniert worden, angefüllt mit mannshohen Metallregalen. Die Auswahl der Waren war zwar nicht so groß wie im Supermarkt, aber für alle Fälle gab es etwas: angefangen bei Lebensmitteln aller Art, Wasch- und Putzmitteln, Schreib- und Haushaltswaren bis hin zu einer winzigen Geschenk-Boutique. Und die Qualität stimmte! Man konnte x-beliebig ins Regal greifen – alles war trefflich ausgewählt.

Von Frau und Herrn Müller-Wolters erforderte der Laden ihren ganzen Einsatz. Sie wurden im Lauf der Jahre ein eingespieltes Team und das Hand-in-Hand-Arbeiten gewohnt. Allerdings dürfen sie keinen Anspruch auf eine 40-Stunden-Woche erheben.

Meine Eltern haben die persönliche Atmosphäre sehr genossen – nicht zuletzt wegen des häufig vorkommenden 10-minütigen Smalltalks, der uns die Region immer ein Stück näherbrachte. Wir Kids freuten uns aber auch wieder auf die nächste Einkaufstour in unserem High-Tech-Shoppingcenter zu Hause!

Wörteranzahl: 150

Bindestriche in
- Namen: **Müller-Wolters**
- Wortverbindungen aus mindestens drei Bestandteilen: **Tante-Emma-Laden**
- Aufzählungen aus einer Gruppe, damit der Gruppenname nicht wiederholt werden muss: **Wasch-** und **Putzmittel**
- Wortverbindungen mit einer Zahl oder einem Buchstaben: **10-minütig, x-beliebig**

Der Leichtathletik-Wettkampf

Vom Wetter her gesehen konnten keine besseren Grundlagen für die 16- bis 17-Jährigen gegeben sein, den nordrhein-westfälischen Wettkampf für Leichtathletik auszutragen!

Unsere Truppe kommt vom Geschwister-Scholl-Gymnasium aus Düsseldorf-Ost. Als Zeichen der Zusammengehörigkeit ziehen alle das gleiche T-Shirt an. Die Erwartungen haben alle hoch gesteckt und fiebern ihrer Disziplin entgegen.

Udo errechnet sich eine 100%ige (100-prozentige) Chance, dieses Mal den 400-m-Lauf zu gewinnen. Begonnen hatte seine Karriere, als er im Vergleich zu seinen Freunden auf dem Trimm-dich-Pfad immer der Schnellste war. Aber sicherlich gibt es wieder ein Kopf-an-Kopf-Rennen mit diesem superschnellen Marc aus Paderborn! Eigentlich erstaunlich, obwohl er solche X-Beine hat.

Benjamin glaubt, das nötige Know-how für die Speerwurftechnik zu haben. Außerdem übernimmt er die Rolle unseres privaten Sanitäters, da er kurz zuvor einen Erste-Hilfe-Kurs absolviert hat.

Susanne war in ihrem Turnverein die 8fache Siegerin im Weitsprung. Wie würde es ihr hier ergehen? Hoffentlich hat sie keinen Black-out …

Zur Belohnung gibt es jedes Mal für alle ein gemeinsames Grillfest.
Die jeweiligen Sieger bekommen sogar ein T-Bone-Steak.

Wörteranzahl: 165

Bindestrich bei
- geographischen Namen und Namen von Gebäuden, Institutionen: **nordrhein-westfälisch, Geschwister-Scholl-Gymnasium**
- Wortverbindungen mit einer Zahl oder einem Buchstaben: **T-Shirt**
- Wortverbindungen aus mindestens drei Bestandteilen. Dabei werden Substantive und Substantivierungen großgeschrieben, Präpositionen und Artikel bleiben aber klein! Das gilt auch für Begriffe aus Fremdsprachen: **Kopf-an-Kopf-Rennen, T-Bone-Steak**
- Aber: Kein Bindestrich vor den Silben -fach, -stel, -er, -ig: **8fach**

Schüleraustausch über den Teich

Schon 8-mal hatte der Austausch zwischen den Elftklässlern des Theodor-Mommsen-Gymnasiums in Berlin-Spandau und ihrer amerikanischen Partnerschule in Orlando stattgefunden. Auch in diesem Jahr machten sich wieder einige 17- und 18-jährige Schüler des Berliner Gymnasiums auf den Weg in den US-Bundesstaat Florida. Sie waren gespannt auf ihre Gastfamilien und den 10-tägigen Aufenthalt. Die Baseball-Meisterschaften der Schule, bei der zum ersten Mal auch eine Mannschaft aus Berlin an den Start gehen sollte, versprach eine witzige Sache zu werden. Die Berliner hatten extra für dieses Turnier ihr Schullogo mit gelber Neon-Stoffmalfarbe auf T-Shirts gemalt. Dass sie gegen die durchtrainierten Star-Mannschaften von Orlando kaum eine Chance hatten, war weniger wichtig als der Spaß, den dieses Turnier verhieß. Als besonderes Erlebnis erwartete die Schüler außerdem ein Besuch von Kap Canaveral. Von hier aus war die legendäre Apollo-11-Mission zum Mond gestartet. Zwei Männer der 3-köpfigen Raumschiff-Besatzung betraten im Juli 1969 als erste Menschen den Mond. Dieses Ereignis versetzte die Welt Ende der 60er-Jahre in großes Erstaunen.

Endlich war der 9-stündige Flug, der wie jedes Jahr nicht bei einem x-beliebigen Reiseunternehmen, sondern bei der Sonnenschein-Reisen GmbH gebucht worden war, vorbei. Der Amerika-Aufenthalt der Spandauer Schulklasse konnte beginnen.

Wörteranzahl: 190

Bindestrich
- bei Zusammensetzungen mit Eigennamen:
  Theodor-Mommsen-Gymnasium
- bei Zusammensetzungen mit Ziffern und Vorsilben:
  8-mal, 9-stündig, 18-jährig
- bei substantivisch gebrauchten Zusammensetzungen:
  Raumschiff-Besatzung, Star-Mannschaften

Wochenend-Tipp

Suchen Sie noch eine Idee für Ihre Freizeitgestaltung am Wochenende? Machen Sie doch einen Abstecher in die Gustav-Müller-Halle! Das Sechs-Tage-Rennen verspricht ein Sportereignis der Spitzenklasse zu werden. Sämtliche Radsport-Größen vom Olympia-Sieger bis zum 3fachen Tour-de-France-Gewinner geben sich ein Stelldichein. Spannende Kopf-an-Kopf-Rennen werden nicht auf sich warten lassen!

Auch unser abwechslungsreiches Unterhaltungsprogramm wird Sie begeistern. Angelika Sommer-Kehl, die amtierende Kunstrad-Weltmeisterin, die Pop-Gruppe Gewitterwind und viele weitere Künstler sorgen in spannenden Show-Einlagen dafür, dass Ihr Vergnügen 100-prozentig sein wird. Auf dem Hallengelände warten mehr als fünfzig Attraktionen auf Sie. Bringen Sie sich beispielsweise mit einem Herz-Kreislauf-Training am Trimm-dich-Rad in Schwung. Wie wäre es mit Trampolinspringen? Oder wollen Sie Ihre Kräfte am Hau-den-Lukas unter Beweis stellen? Wer es nicht so sportlich mag, der lernt das Fürchten in unserer Grusel-Grotte. Falls Sie spezielle Radsport-Bekleidung oder Fahrrad-Zubehör suchen, werden Sie auf unserer Shopping-Meile garantiert fündig. Als i-Tüpfelchen des Rahmenprogramms können Sie der Welt-Elite des Radsports in Autogramm-Stunden persönlich begegnen.

Warum noch zögern? Machen Sie Ihren Wochenend-Trip in die Gustav-Müller-Halle!

Wörteranzahl: 164

Bindestrich
- bei Zusammensetzungen mit Eigennamen: **Gustav-Müller-Halle**
- bei Zusammensetzungen mit Ziffern und Vorsilben: **100-prozentig**
  aber: 3fach
- bei substantivisch gebrauchten Zusammensetzungen:
  Kunstrad-Weltmeisterin, Kopf-an-Kopf-Rennen, Herz-Kreislauf-Training

Die Entdeckung des Porzellans

Jahrhundertelang versuchten in Europa Alchimisten der Zusammensetzung von Porzellan auf die Spur zu kommen. Während in China schon seit ungefähr 1 000 nach Christus Porzellan verwendet wurde, blieb die Herstellung in Europa ein großes Geheimnis. Hier benutzte man Trinkgefäße aus Holz, Steingut oder Metall. Nur besonders Reiche konnten sich die aus China eingeführten feinen Tassen und Teller aus Porzellan kaufen.

Erst 1709 war es endlich so weit. Der Alchimist Friedrich Böttger entdeckte den wesentlichen Bestandteil des Porzellans: das Kaolin. Nun wusste man es: Die Porzellanmasse besteht aus schmelzbarem Feldspat, Kaolin und Quarzsand. Sie wird geformt und bei ungefähr 1 400 Grad Celsius gebrannt. Jetzt kann das Porzellan bemalt werden, muss aber dann ein zweites Mal gebrannt werden.

Wörteranzahl: 115

Getrenntschreibung
Verbindungen von Adjektiven mit „so", „wie" und „zu" werden getrennt geschrieben: **so weit**

Komma
Bei Aufzählungen werden Kommas gesetzt, aber nicht vor „und" und „oder": **Holz, Steingut oder Metall**

Der s-Laut
Bei Wörtern, die auf -is und -us enden, wird der stimmlose s-Laut am Wortende s geschrieben: **Geheimnis**

Wörter mit Ch, ch aus fremden Sprachen: **Alchimist, China**

Guten Appetit!

Klein, aber fein – das ist das Plankton, die Milliarden kleinster Lebewesen, die in den Weltmeeren schwimmen. Es sind winzige Pflanzen und Tiere, die kleiner sind als ein Millimeter. Aber wie wichtig sind sie! Ohne sie gäbe es kein Leben im Meer. Für viele Fische, Wale und Vögel sind sie das Hauptnahrungsmittel.

Da sie so winzig sind, können sie nicht gegen die Strömung schwimmen. Das heißt allerdings nicht, dass sich die meisten dieser Winzlinge nicht aus eigener Kraft bewegen können. Sie treiben mit der Strömung nahe unter der Wasseroberfläche. Denn sie brauchen wie die meisten Lebewesen viel Licht. Es gibt tierisches und pflanzliches Plankton. Das tierische Plankton ernährt sich vom pflanzlichen. Beides finden wir in den kälteren, nährstoffreicheren Gewässern dieser Erde.

Wörteranzahl: 120

Kennzeichen für die Dehnung
- ist die Schreibung mit Doppelvokalen: **Weltmeere**
- des i ist die Schreibung als „ie“: **tierisch**
- ist die Schreibung mit Dehnungs-h: **ernährt**

Kennzeichen für die Schärfung
ist die Schreibung mit Doppelkonsonanten: **Milliarden**

Hinter l, n, r finden wir niemals ck oder tz,
sondern immer nur k und z: **Plankton, pflanzlich**

Die Königin der Instrumente

Für viele Leute ist die Orgel die Königin der Instrumente. Sie ist eines der ältesten, noch heute gespielten Instrumente.

Auch alle frühen Orgelformen bestanden aus Pfeifen, Hebeln oder Tasten und einer Windversorgung. Ihr Ursprung kann bis zur einfachen Panflöte zurückverfolgt werden. Die älteste echte Orgel stammt aus dem 3. Jahrhundert vor unserer Zeitrechnung. Die Griechen und Römer entwickelten die Orgelbaukunst weiter. Diese wurde dann von den Völkern des Mittleren Ostens übernommen.

Im Mittelalter finden wir diese Kunst hauptsächlich in Europa. Später wurde die Begeisterung für die Orgel von Amerika übernommen, wo die Orgelbaukunst ebenfalls weiterentwickelt wurde.

So sehen wir, dass sich die Entwicklung der Orgel auf über 2000 Jahre erstreckt. Und sie ist immer noch nicht abgeschlossen.

Wörteranzahl: 117

Kennzeichen für die Schärfung ist die Schreibung mit ck: **erstreckt**

Langes i ohne Kennzeichnung finden wir oft in Fremdwörtern: **Amerika**

Großschreibung
Geographische Eigennamen werden großgeschrieben: **Mittlerer Osten**

Wortbildung
Wörter mit der Vorsilbe Ent-/ent- haben nichts mit dem Wort Ende zu tun.

Die Vorsilbe ent- ist immer unbetont: **Entwicklung**

Wörter mit eu haben niemals Verwandte mit au: **Leute, Europa**

Wörter mit ä haben meistens Verwandte mit a: **hauptsächlich, älteste**

Die Konjunktion **dass** wird immer mit ss geschrieben.

Was ist ein „Rohrkaninchen"?

Auf einem Ölfeld in Texas wurde 1918 das Erdgas entdeckt. Dieser neue Brennstoff ersetzte immer mehr das Gas, das bei der Koksgewinnung freigesetzt wird. Inzwischen wird dieser Brennstoff überall auf der Welt eingesetzt. Das Erdgas muss einen langen Weg zurücklegen, bevor es in den Wohnungen als kleine blaue Flamme auf dem Herd zu sehen ist.

Riesige Verdichter treiben das Erdgas durch scheinbar endlos lange Rohrleitungen. Ein Computer auf Rädern saust ständig durch diese Rohre zum Überprüfen der Leitungen auf Risse. Man nennt ihn „Rohrkaninchen".

Erdgas besteht aus drei verschiedenen Gasen: Butan, Propan und Methan. Letzteres brennt am besten. Es wird zu den Haushalten und Fabrikanlagen geleitet. Sicherheitshalber enthält das geruchlose Erdgas Zusatzstoffe, damit man es riechen kann.

Wörteranzahl: 117

Kennzeichen für die Schärfung
- ist die Schreibung mit ck: **entdeckt**
- ist die Schreibung von tz nach Vokalen und Umlauten: **Letzteres, Zusatzstoffe**

Zu den ks-Lauten, die alle gleich klingen, obwohl sie verschieden geschrieben werden, gehören x und ks: **Texas, Koksgewinnung**

Groß- und Kleinschreibung
Superlative mit „am" werden kleingeschrieben, wenn man mit „Wie?" danach fragen kann: **am besten**

Verben werden großgeschrieben, wenn sie als Substantive verwendet werden: **zum Überprüfen**

Das Relativpronomen „das" wird immer mit s geschrieben:
... Gas, **das** bei der ...

Man findet th in Fremdwörtern: **Methan**

Woher kommt die Wolle?

Viele Kleidungsstücke, die wir tragen, sind aus Wolle. Manche von ihnen sind aus der Wolle von Tieren, z. B. von Schafen, Kamelen und Lamas, andere aus Baumwolle.

Diese wächst am Baumwollstrauch. Wir finden diesen Strauch in warmen Ländern wie Mexiko, Indien und in den südlichen Staaten der USA. Er wird bis zu sechs Meter hoch und hat große Blüten. Aus den Blüten entwickeln sich Kapseln. Wenn diese reif sind, platzen sie auf. Dann quellen die Samenhaare hervor. Diese Samenhaare sind die Baumwolle, die dann von Hand oder von großen Maschinen gepflückt wird.

Anschließend wird sie gereinigt. Erst jetzt wird sie zu Fäden gesponnen und zu Stoffen gewebt.

Wörteranzahl: 107

Kennzeichen für die Schärfung
- ist die Schreibung von tz nach Vokalen und Umlauten: **jetzt, platzen**
- ist die Schreibung mit ck: **gepflückt**

Zu den ks-Lauten, die alle gleich klingen, obwohl sie verschieden geschrieben werden, gehören chs und x: **wächst, Mexiko**

Kennzeichen für die Dehnung
- ist die Schreibung mit Doppelvokal: **Staat**
- des i ist die Schreibung als „ie“: **Tiere**
- ist die Schreibung mit Dehnungs-h: **ihnen**

Langes i ohne Kennzeichnung bei Wörtern auf -ine: **Maschine**

Wie dein Herz schlägt

Hast du schon einmal geglaubt, dass dir das Herz vor Schreck stehen geblieben ist? Das war wohl ein Irrtum, denn dein Herz ist lebenslang Tag und Nacht damit beschäftigt, Blut durch deinen Körper zu pumpen. Da es ein Hohlmuskel ist, füllt es sich im Zustand der Erschlaffung mit Blut.

Wenn sich der Muskel zusammenzieht, entleert sich dieser Hohlraum und treibt das Blut durch deine Adern. Das Auftanken und Abpumpen ist als Herzschlag hörbar und geschieht etwa sechzig Mal pro Minute.

Es kann allerdings vorkommen, dass das Herz in einem Schockmoment langsamer schlägt. Auch das Gegenteil ist möglich: Wenn dein Herz vor Aufregung zu zerspringen droht, pumpt es in Wirklichkeit nur etwas schneller den Lebenssaft durch deinen Körper.

Wörteranzahl: 117

Verbindungen aus zwei Verben werden getrennt geschrieben.
Ist das zweite Verb „bleiben“ oder „lassen“ kann man auch zusammenschreiben. Dabei erhält das Wort eine neue Bedeutung:
stehen bleiben, aber **stehenbleiben** (Uhr)

Verben werden großgeschrieben, wenn sie als Substantive verwendet werden: **zum Auftanken**, **Abpumpen**

Die Konjunktion „dass“ wird immer mit „ss“ geschrieben, im Unterschied zum Artikel „das“: **dass das Herz**

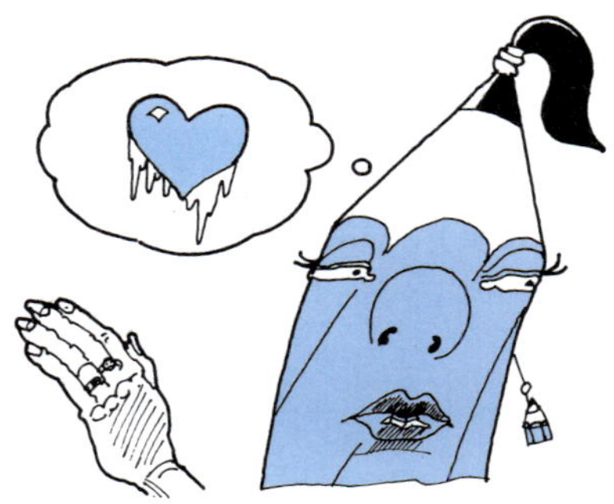

Elfmeter und ich bin schuld

Elfmeter und ich bin schuld, Tom konnte es nicht fassen. Am liebsten wäre er in den Erdboden versunken. Dabei begann das Spiel so gut. Seine Mannschaft hatte gut kombiniert, das Spiel richtig Spaß gemacht und die Flanke für das erste Tor war von ihm gekommen.

Und jetzt das. Er hatte einen Elfmeter verschuldet, dabei wollte er dem Angreifer nur den Ball vom Fuß nehmen, hatte aber das Schienbein getroffen. Was für ein Missgeschick, was für ein Fehler! Der Angreifer lag mit schmerzverzerrter Miene im Strafraum, Tom angsterfüllt daneben. Der Schiedsrichter kam auf ihn zu.

Musste er jetzt den Platz verlassen? War das Spiel für ihn vorbei?

Wörteranzahl: 106

Der s-Laut
- Nach langem Vokal oder Doppellaut (Diphthong) schreibt man das stimmlose s als „ß“: **Spaß, Fuß**
- Nach kurzem, betontem Vokal schreibt man das stimmlose s als „ss“: **fassen, Missgeschick, musste, verlassen**

Groß- und Kleinschreibung
- Superlative mit „am“ werden kleingeschrieben, wenn man mit „Wie?“ danach fragen kann: **am liebsten**
- Adjektive in Verbindung mit dem Verb „sein“ werden kleingeschrieben: **schuld sein**. Aber: **jemandem Schuld geben**

Zusammenschreibung von Wörtern wie **angsterfüllt, schmerzverzerrt**

Warum haben die Monate unterschiedlich viele Tage?

Wenn man ein Jahr unterteilen will, muss man drei Naturerscheinungen beachten: Den Wechsel von Tag und Nacht, den Mond und die durch die Sonne verursachten wiederkehrenden Jahreszeiten.

Aber die Monatsberechnung mit dem Mond ist sehr kompliziert. Es dauert 27,3 Tage bis der Mond an der gleichen Stelle am Himmel steht, von Neumond zu Neumond vergehen jedoch 29,5 Tage. Teilt man die 365 Tage des Jahres durch diese beiden Zahlen, bekommt man immer Monate mit unterschiedlich vielen Tagen.

Die Ägypter hatten sechs Monate zu 30 und sechs zu 29 Tagen, die fehlenden Tage wurden durch einen zusätzlichen Schaltmonat alle paar Jahre gewonnen. Die Römer führten dann unterschiedlich lange Monate mit einem Schaltjahr in vier Jahren ein.

Wörteranzahl: 115

Der s-Laut
Nach einem kurzen, betonten Vokal schreibt man das stimmlose s als „ss": **muss**

Kennzeichen für die Dehnung
ist die Schreibung mit Dehnungs-h: **Jahr, wiederkehrend, steht, vergehen, Zahlen, fehlenden, führten**

Warum hat ein Tag zweimal zwölf Stunden?

Der Tag hat 24 Stunden. Aber wer kam auf diese Einteilung? Im alten Ägypten beobachteten die Menschen kurz vor Sonnenaufgang 36 Sterne, die abwechselnd sichtbar wurden. Diese 36 Sterne wurden Dekane genannt und verehrt. Man glaubte, sie hätten Macht über die kommende Woche.

Das wichtigste Ereignis für die Ägypter war das jährliche Nilhochwasser, das eine fruchtbare Landwirtschaft ermöglichte. Immer wenn das Nilhochwasser kam, stieg der Stern Sirius auf und mit ihm waren elf weitere Sterne zu sehen. Das brachte die Ägypter auf die Idee, den Tag und die Nacht in zwölf Teile zu zerlegen.

Dieses System der Tageseinteilung wurde von den Griechen und Römern übernommen und in ganz Europa eingeführt.

Wörteranzahl: 109

Kennzeichen der Schärfung
ist die Schreibung mit Doppelkonsonanten: **Sonnenaufgang, genannt, kommende, Nilhochwasser, immer, wenn, übernommen**

Schwierige Fremdwörter: **Dekane, Sirius, System**

Lucy

Gefunden wurde Lucy 1974 im heutigen Äthiopien. Sie ist einer der wichtigsten archäologischen Funde der letzten Jahre. Man fand die Hälfte ihres Skeletts und konnte dadurch auf den Rest schließen. Was wissen wir von ihrem Leben?

Vor drei Millionen Jahren lebte sie in einer leicht bewaldeten Savanne. Bei einer Größe von 1,10 m war sie ungefähr 30 kg schwer. Ihr Gehirn war nur so groß wie das eines kleinen Schimpansen. Lucy gehörte zu den Australopithecinen, den ersten Lebewesen, die auf zwei Beinen gingen. Sie konnte aber auch noch auf Bäume klettern.

Lucy wurde nach einem Lied der Beatles benannt. Die Äthiopier nennen sie Denkenesh, was so viel wie „du bist wunderbar“ bedeutet.

Wörteranzahl: 112

Der s-Laut
- Nach langem Vokal oder Doppellaut (Diphthong) schreibt man das stimmlose s als „ß“: **schließen, Größe, groß**
- Nach kurzem, betontem Vokal schreibt man das stimmlose s als „ss“: **wissen**

Schwierige Eigennamen: **Lucy, Äthiopien, Australopithecinen, Beatles, Denkenesh**

Schwierige Fremdwörter: **archäologisch**

Übrigens: Das Beatleslied heißt „Lucy in the sky with diamonds“.

Abenteuer: Transozeanische Reisen früher

Zu den abenteuerlichsten Reisen, die die Menschen unternommen haben, gehören die transozeanischen Reisen. Die Entdecker und ihre Mannschaften hatten nicht selten mit zahlreichen Schwierigkeiten zu kämpfen und oft große Entbehrungen zu erdulden. Die Schiffe waren unbequem und unhygienisch. Dazu kam, dass es unterwegs nicht genügend Nahrung und Vitamine gab, so dass oft Mangelkrankheiten wie Skorbut ausbrachen.

Wichtig war auch die Entwicklung der Navigationshilfsmittel. Im 12. Jahrhundert wurde das Benutzen von Magnetkompassen immer häufiger. Mit Kompass und Seekarte wurden die Menschen in die Lage versetzt, auch außerhalb der Sichtweite des Landes zu navigieren. Später kam der Sextant zum Messen der geographischen Breite und ab 1735 das Chronometer zum Berechnen der geographischen Länge hinzu.

Wörteranzahl: 112

Kennzeichen für die Dehnung
- des i ist die Schreibung als „ie“: **Schwierigkeiten, navigieren**
- ist die Schreibung mit Dehnungs-h: **zahlreich, Entbehrungen, Nahrung**
- ist die Schreibung mit Doppelvokal: **Seekarte**

In vielen Fremdwörtern hat das lange i keine Kennzeichnung: **Vitamine**

Kennzeichen für die Schärfung
- ist die Schreibung mit ck: **Entdecker, Entwicklung**
- ist die Schreibung von tz nach Vokalen und Umlauten: **versetzt**

s-Laut
Nach langem Vokal oder Doppellaut (Diphthong) schreibt man das stimmlose (gezischte) s als „ß“: **groß, außerhalb**

Großschreibung
Substantivierte Verben werden großgeschrieben. Sie stehen meistens nach einem Artikel oder einer Präposition: **das Benutzen, zum Berechnen**

Fremdwörter mit Ph/ph: **geographisch**
Zu den ks-Lauten, die alle gleich klingen, obwohl sie verschieden geschrieben werden, gehört das x: **Sextant**

Ein merkwürdiges Schwimmbad

„Wo bin ich?“, fragte sich Stella. Sie tauchte durch eine durchsichtige, dicke Flüssigkeit. Ohne Probleme konnte sie atmen, denn aus den weißen Wänden stiegen Luftbläschen auf. Eine dicke Schnur verlief quer durch den ovalen Raum.

Sie hangelte sich an ihr entlang, bis sie an einen großen Ballon gelangte. Er war mit einer gelben, leckeren Substanz gefüllt. Stella wollte gerade davon probieren, als sie neben sich ein Räuspern hörte. „Willst du mir etwa das Frühstücken verbieten?“, sagte eine piepsige Stimme.

Das kleine Wesen, das Stella sah, erinnerte sie kurz an einen nackten Vogel. Es klammerte sich fest an den gelben Ballon. Plötzlich wusste Stella, wo sie war. „Ich schwimme in einem Ei!“, durchfuhr es sie. Im nächsten Moment wachte sie auf.

Wörteranzahl: 120

Der s-Laut
Der Artikel „das“ und das Relativ- oder Demonstrativpronomen „das“ werden mit einem einfachen „s“ geschrieben: **Das** kleine Wesen, **das** Stella sah …

Kennzeichen für die Schärfung
ist die Schreibung von „nz“, „lz“, „rz“ und „tz“ nach Vokalen: **Substanz**, **kurz**

Großschreibung
Substantivierte Verben werden großgeschrieben. Meistens steht vor ihnen ein bestimmter oder unbestimmter Artikel: **das Frühstücken, ein Räuspern**

Fremdwörter: **Ballon, Substanz**

Die Verwandlung

Etwas Ungeheuerliches war passiert: Lilli Blumenkohl war verschwunden. Seit Vera die kleine Raupe in einem Gemüseladen gefunden hatte, wohnte diese in einem großen Glas. Dort gab es alle Raupen-Lieblingsgerichte: Wasser, Gras, Erde, Holz, sogar ein großes Stück Apfel.

Vera wollte der grasgrünen Raupe eigentlich beim Wachsen zuschauen. Doch jetzt war Lilli weg. Vera suchte und suchte und tatsächlich: Da war etwas! Es schien, als wäre dem Holz über Nacht ein neuer Ast gewachsen. Gut getarnt baumelte dort ein Kokon. Lilli hatte sich verpuppt! Während Lilli die nächsten Wochen in ihrem winzigen Schlafsack verbrachte, lag Vera oft nervös auf der Lauer.

Doch dann gelang ihr etwas Fantastisches. Sie fotografierte die Entpuppung des Schmetterlings und den großartigen Abflug. Bye bye, Lilli!

Wörteranzahl: 119

Großschreibung
Verben werden großgeschrieben, wenn sie als Substantive verwendet werden: **beim Wachsen**

Nach unbestimmten Mengenangaben schreibt man substantivierte Adjektive groß: **etwas Ungeheuerliches, etwas Fantastisches**

Fremdwörter: **Kokon, fotografieren, fantastisch, nervös, bye bye**

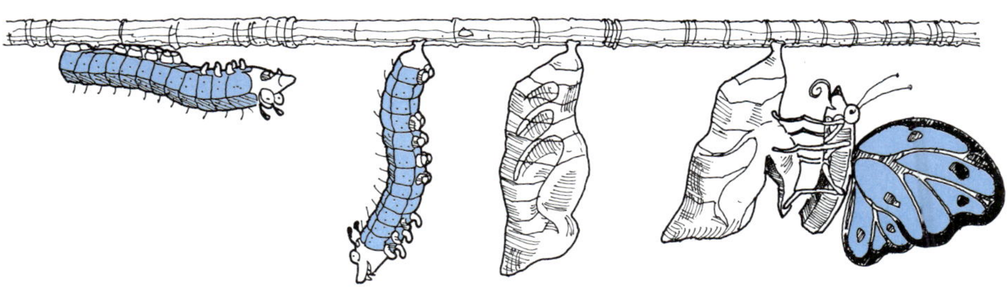

Der Geist im Brunnen

Nanu? Wo war das Erdbeertörtchen geblieben? Paul hatte es nur schnell auf den Brunnenrand gelegt, um sich seine Schuhe zuzumachen.

Als er sich wieder aufrichtete, war das Kuchenstückchen, das er sich fürs Autowaschen verdient hatte, verschwunden. Er schaute sich um. Kein Mensch war zu sehen. Hatte ein Vogel etwa den Kuchen stibitzt? Paul beugte sich neugierig über das Wasser. Plötzlich stupste er mit der Nase an etwas Weiches und Kaltes. „Hallo", sagte eine tiefe Stimme. „Suchst du was?"
Paul blickte in ein witziges Gesicht.

„Ich bin ein verzauberter Seeelefant und wohne eigentlich im Meer", sagte das nasse Wesen. „Aber hier gefällt es mir besser, weil immer so viele gute Sachen in den Brunnen fallen."

Wörteranzahl: 114

Treffen drei Vokale aufeinander, darf keiner von ihnen wegfallen:
Seeelefant
Um die einzelnen Bestandteile besser kenntlich zu machen, darf man aber auch einen Bindestrich benutzen: See-Elefant

Die Konjunktion „dass" wird mit ss geschrieben, als Artikel, als Relativ- und Demonstrativpronomen wird „das" mit s geschrieben.

Getrennt- und Zusammenschreibung
Substantivierte Verben werden groß- und zusammengeschrieben:
fürs Autowaschen
Aber: **Auto fahren** als enge Wortverbindung von Substantiv und Verb schreibt man getrennt

Mönche ohne Kleider

Mönche entscheiden sich bewusst für ein gottesfürchtiges Leben. Ihr Tagesablauf ist bestimmt durch Beten und Arbeiten, alle weltlichen Genüsse sind auf das Notwendige beschränkt.

Auf der Suche nach strengen Regeln für ein solches Leben haben sich die unterschiedlichsten Formen entwickelt. Ein Mönchsorden lebt so bescheiden, dass die Mitglieder sogar auf alle Kleidung verzichten. Dabei betrachten sie alles als Gottes Schöpfung: jedes Blümchen am Wegrand, jedes noch so kleine Tierchen. Keiner ihrer Schritte darf irgendetwas davon zerstören. Zum Essen wählen sie nur Früchte und Samen, damit weder das Wachsen von Pflanzen noch das Gedeihen irgendeines Tieres verhindert wird.

Am Erstaunlichsten ist, dass den Mönchen weder Hitze noch Kälte etwas ausmacht. Sie sind so gläubig, dass sie unglaubliche Kräfte aufbauen.

Wörteranzahl: 118

Großschreibung
- Substantivierte Verben werden großgeschrieben. Sie stehen meistens nach einem Artikel oder Pronomen: **durch Beten**
- Substantivierte Adjektive werden großgeschrieben: **das Notwendige**

s-Laut
Nach kurzem, betontem Vokal schreibt man das stimmlose s als „ss“: **bewusst**

Zusammenschreibung
Verbindungen mit irgend- werden zusammengeschrieben: **irgendetwas**

Wie entsteht ein Buch?

Du stöberst in der Buchhandlung und suchst ein interessantes Buch zum Lesen. Aber hast du schon einmal überlegt, wie es entstanden ist?

Als Erstes verfasst der Autor oder die Autorin einen Text. Das kann ein spannender Roman oder ein Sachbuch sein. Dann wird der Text in einer Verlagsredaktion überarbeitet, das heißt der Inhalt und die Rechtschreibung werden geprüft und der Platz auf der Buchseite wird eingeteilt. Heute geschieht dies alles am Computer. Wenn alle Beteiligten mit der Arbeit zufrieden sind, gelangen die Daten an eine Druckerei, die immer sechzehn Seiten auf einen Bogen Papier druckt. Schließlich werden diese gefaltet, zusammengeheftet und in einen Einband geklebt.

In riesigen Paketen wandert das neue Produkt in die Buchhandlungen und erfreut die neugierigen Leser!

Wörteranzahl: 120

Kennzeichen für die Dehnung
des i ist die Schreibung als „ie“: **schließlich, die, Papier**

In vielen Fremdwörtern erscheint die Dehnung ohne Kennzeichnung:
Roman, Paket, Autorin

Großschreibung
Ordnungszahlen werden großgeschrieben: **als Erstes**

Marienkäfer

Wer freut sich nicht, wenn er einen Marienkäfer entdeckt? Es ist daher kein Wunder, dass er auch als Glückskäfer gilt.

Wenn die Frühlingssonne bei der Gartenarbeit schon richtig wärmt, kann es passieren, dass man ein Marienkäfernest entdeckt. Dabei ist der Marienkäfer nicht nur niedlich anzuschauen. Er vernichtet am liebsten Blattläuse. Nachdem er aus dem Ei geschlüpft ist, frisst schon seine Larve viele Schädlinge.

Gibt es aber ein richtiges Marienkäferjahr, kann es schon mal zu viel werden. Da schwirren die Kerlchen zu Hunderten am Strand auf die Badegäste zu, landen tollpatschig auf jedem Fleck und sei es auch der offene Joghurtbecher. Und wehe dem, der einen gelben Sonnenschirm aufgespannt hat! Die Farbe Gelb zieht die kleinen Käfer magisch an. Schließlich hilft nur noch die Flucht ins Strandrestaurant!

Wörteranzahl: 126

Zusammenschreibung
- bei zwei Substantiven in untrennbarer Verbindung: **Gartenarbeit, Glückskäfer, Frühlingssonne**
- bei Verbindungen aus Verb und den Vorsilben auf-, an-, ab-, ent-: **aufgespannt**

Getrenntschreibung
Bei Verbindungen von „so", „wie", „zu" und „viel" schreibt man getrennt: **zu viel**

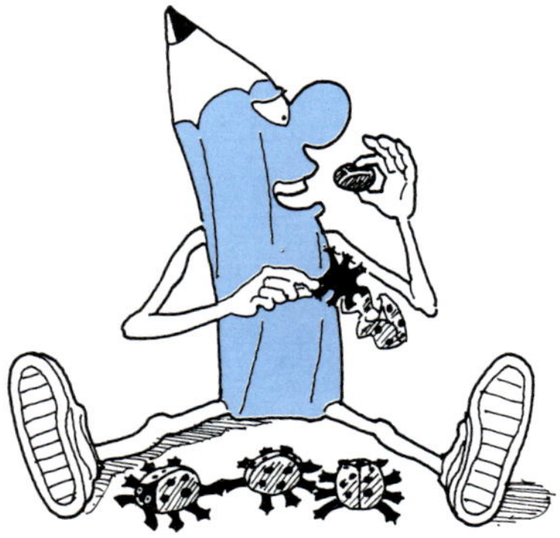

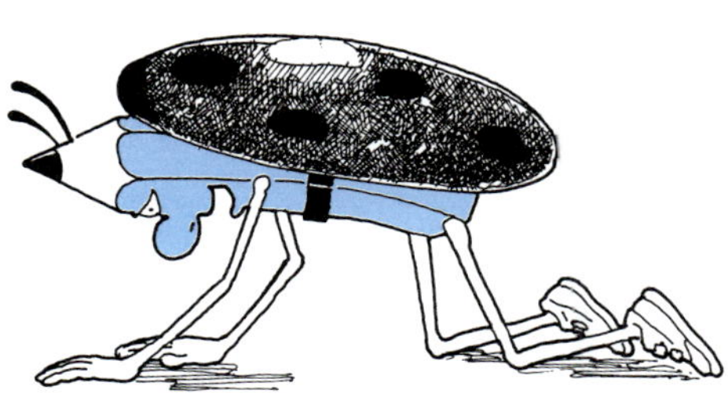

Die Wunderwaffe der Bienen

Das kennen wir alle: lecker schmeckende Honigsorten und Honigwaben, aus denen man duftende Kerzen basteln kann.

Aber es gibt noch einen Stoff aus dem Bienenstock: Propolis, das bedeutet „vor der Stadt“. Die Bienen verwenden diesen Stoff als Kittharz, das verhindert, dass Krankheitserreger in den Bienenstock eindringen können, die dem ganzen Bienenvolk gefährlich werden könnten. Sie verwenden das weiche wohlriechende Harz, um ihren Stock auszukleiden, Risse zu verschließen, das Flugloch zu verengen und um Fremdkörper einzuhüllen, damit sie keine Ansteckungsgefahr mehr darstellen. Die Bienen sammeln Harze, Wachse und Öle von verschiedenen Bäumen und stellen daraus diesen antibiotisch wirkenden Stoff her.

Zahlreiche Untersuchungen haben Propolis als Naturheilmittel für den Menschen entdeckt. Es wirkt gegen Bakterien und manche Viren und beugt einer Erkältung vor.

Wörteranzahl: 121

Kennzeichen für die Schärfung
- Doppelkonsonanten. Dabei steht „ck“ für zwei „k“:
  lecker, schmecken, Stock

Nach r, l, n kommt kein ck und tz: **Harz, Kerzen, Bienenvolk, wirken**

In manchen Wörtern wird das v wie w gesprochen: **Viren**

Was klappert denn da?

Na klar, der Klapperstorch! Dieser große Vogel beeindruckt mit seinem vornehmen Gang und gilt in manchen Ländern als heiliger Vogel. Zum Überwintern fliegt er nach Afrika und kehrt zum Brüten wieder in seine Heimat zurück.

Leider sind die großen Storchennester auf den Hausdächern selten geworden. Moore, Sümpfe und Auenlandschaften werden durch Acker- oder Bauland zerstört. Den Störchen fehlt Nahrung: Frösche, Würmer, Mäuse und Insekten. Um die Vögel wieder anzusiedeln, bauen die Menschen mit einem alten Wagenrad ein Nest auf ihr Haus. Da Störche am liebsten zu einem schon benutzten Nest zurückkehren, wird das Hausdach um das Nest herum mit weißer Farbe bekleckst. Der Storch glaubt, dass es sich um den Kot vom letzten Jahr handelt und besetzt das neue Nest.

Wie schön, wenn dann in dem Nest bis zu vier Jungstörche schlüpfen, die eifrig gefüttert und nach einigen Wochen tatsächlich flügge werden.

Wörteranzahl: 142

Bindestrich
bei Einsparung eines gemeinsamen Bestandteils von zwei Wörtern:
Acker- oder Bauland

Kleinschreibung
bei Superlativen mit „am", wenn man mit „Wie?" danach fragen kann:
am liebsten

Die Konjunktion **dass** schreibt man mit ss, den Artikel **das** aber nur mit einem s.

In Lehn- und Fremdwörtern kommt die Schärfung häufig ohne Kennzeichnung vor: **Insekten**

Halbjährliches Leid

Manchem Schüler fällt zweimal im Jahr das Heimkommen nicht leicht. Dass das Zeugnis kein Glanzstück werden würde, hatte man schon geahnt. Aber diesmal lastet ein bedenklich langer Satz wie ein schweres Joch über den Noten: „Bei weiterem Leistungsabfall ist das Vorrücken in die nächste Klasse gefährdet."

Wie soll man nun den Eltern erklären, dass bestens gepaukte unregelmäßige Verben bei einer Abfrage aus dem Gedächtnis entschwinden können, so wie Vögel einem geöffneten Käfig entweichen? Wer wird verstehen, wie erbarmungslos ein Uhrzeiger tickt, wenn man das Rätsel einer Matheaufgabe zu lösen versucht und sich das leere Blatt vor einem einfach nicht füllen will?

Und wer kennt den Kummer, wenn man bei all diesen Qualen dann mit einer unfreundlichen Vier oder Fünf abgestraft wird? Da kann man nur hoffen, dass man daheim sowohl auf Verständnis als auch Zuspruch stößt, damit man optimistisch dem nächsten Zeugnis entgegensehen kann.

Wörteranzahl: 144

Zusammenschreibung
Mehrteilige Adverbien werden zusammengeschrieben, wenn die Bedeutung der einzelnen Bestandteile nicht mehr erkennbar ist: **zweimal, diesmal**.
Im Gegensatz dazu: zum zweiten Mal oder dieses Mal.

Großschreibung
- Substantivierte Verben werden großgeschrieben. Sie stehen meistens nach einem Artikel: **das Heimkommen, das Vorrücken**
- Substantivierte Adjektive und Ordnungszahlen werden großgeschrieben: **das Schlimmste, mit einer ... Vier, mit einer ... Fünf**

Zeichensetzung
Die mehrteiligen Konjunktionen **sowohl ... als auch** werden nicht durch ein Komma getrennt.

Iss dich schlau

Nicht immer ist einem klar, dass das Gehirn ein Organ ist, das ständig Hochleistung bringt. Trotzdem scheint es einen manchmal im Stich zu lassen, – wenn man abgespannt ist oder wenn einem angst und bange vor einer Schularbeit ist.

Um das Gehirn bei Laune zu halten, kann man es mit Hirnfutter versorgen und dies kann man ganz wörtlich nehmen. Ein Mangel an Vitaminen führt nämlich dazu, dass man müde und schlapp wird. Abhilfe schafft ein Glas Milch oder Vollkornbrot, Nahrungsmittel, die das Gedächtnis stärken.

Spinat lässt nicht nur bei Comicfiguren die Muskeln sprießen, sondern enthält auch Stoffe, die die grauen Zellen auf Trab halten. Der Genuss eines Apfels verbessert die Sauerstoffversorgung der Hirnzellen und erleichtert das Denken.

Aber durch die Ernährung allein bleibt das Gehirn nicht fit. „Hirnfutter“ sind auch Denksportaufgaben und interessante Bücher. Auch dadurch wird das Gehirn angeregt, seine wertvollen Dienste zu leisten.

Wörteranzahl: 144

Der s-Laut
Nach kurzem, betontem Vokal schreibt man das stimmlose s als „ss“:
lässt, Genuss
Der Artikel und das Relativpronomen **das** wird mit „s“ geschrieben, im Unterschied dazu die Konjunktion **dass**

Großschreibung
Substantivierte Verben werden großgeschrieben: **das Denken**

In vielen Fremdwörtern wird das lange i nicht gekennzeichnet:
Vitamine

In dem Ausdruck **„ . . . wenn einem angst . . . ist . . .“** hat das Substantiv „Angst“ seine substantivischen Merkmale eingebüßt und die Funktion eines Adjektivs übernommen.

Auf der Gorch Fock

Wochenlang war das berühmteste Segelschiff Deutschlands unterwegs gewesen und fährt nun in den Heimathafen ein. Am Kai stehen viele Menschen, um die Heimkehrer zu begrüßen. Majestätisch nähert sich der elegante Bootskörper mit seinen beflaggten Masten dem Land. Kurz bevor es anlegt, beginnt eine Kapelle zu schmettern.
Viele Wartende haben Freunde und Verwandte an Bord und strömen nun an Deck. Eine gute Gelegenheit, um das imposante Segelschiff etwas näher kennen zu lernen.

Kaum zu glauben, dass man auch bei stürmischem Wetter die riesigen Masten hochklettern muss, um die Segel einzuholen. Zum Schlafen betten sich die Seeleute in Hängematten, die sie nach dem Erwachen vier Stunden später wieder zusammenwickeln und verstauen müssen, damit die nächsten Schläfer Platz finden. So müssen Hunderte von Menschen auf engstem Raum leben.
Nachdem eine Fahrt mit allen Abenteuern und Strapazen überstanden ist, verlassen die Heimkehrer stolz die schwankenden Planken.

Wörteranzahl: 142

Verbindungen aus zwei Verben werden getrennt geschrieben. Ist das zweite Verb „bleiben" oder „lassen" kann man auch zusammenschreiben. Dabei erhält das Wort eine neue Bedeutung, z. B. in der Schule sitzenbleiben. Dies gilt auch für „kennen lernen": **kennen lernen**, aber **kennenlernen** (= Erfahrung mit etwas oder jemand haben)

Die Konjunktion **nachdem** wird zusammengeschrieben, im Unterschied zu Präposition und Artikel: **nach dem**

Wenn „hundert" eine unbestimmte Menge angibt, kann die Zahl groß- oder kleingeschrieben werden: **hunderte/Hunderte**

Infinitivgruppen muss man mit Kommas abgrenzen, wenn die Infinitivgruppe mit „um", „ohne", „statt", „anstatt", „außer", „als" eingeleitet ist: **. . . , um die Heimkehrer zu begrüßen**.

Wortbildung: Das Wort **beflaggt** stammt von Flagge ab.

Wie entstehen Höhlen?

Unter der Erdoberfläche befinden sich Höhlen. Die größten und zahlreichsten Höhlen gibt es im Kalkstein. Kalkstein ist ein sehr häufig vorkommendes Gestein, das aus den Schalen und Skeletten winziger Meerestiere besteht, die schon vor vielen Millionen Jahren gestorben sind. Am Anfang sind Höhlen nur kleine Risse oder Löcher im Gestein. Durch ständig tropfendes Regenwasser vergrößern sie sich mit der Zeit.

Da das Regenwasser leicht sauer ist, frisst es sich allmählich durch den Kalkstein. Die Risse vergrößern sich zu Gängen und Höhlen. Im Laufe von Jahrtausenden verbinden sich diese Gänge und Höhlen zu einem richtigen Höhlensystem. Auf diese Art können riesige Höhlensysteme entstehen.

Wasser, das von der Decke in die Höhle tropft, hinterlässt ein Mineral, das Kalzit heißt. Wie ein Eiszapfen wächst es allmählich nach unten. Man nennt ein solches Gebilde Stalaktit. Wo Wasser auf den Höhlenboden tropft, wachsen Kalzitsäulen nach oben. Das sind die so genannten Stalagmiten.

Wörteranzahl: 147

Kennzeichen für die Dehnung
- ist die Schreibung mit Doppelvokal: **Meerestiere**
- ist die Schreibung mit Dehnungs-h: **Höhle**
- des i ist die Schreibung als „ie“: **die**

Das stimmlose (gezischte) s schreibt man als
„s“: **es**, „ß“: **vergrößern**, „ss“: **frisst**

Das Relativpronomen **das** wird mit einfachem s geschrieben:
Wasser, **das** von der …

Hilfe, die Erde bebt!

Du bist fest davon überzeugt, dass du auf festem Boden stehst? Du irrst dich. Die Erdkruste bewegt sich ständig, denn sie besteht aus beweglichen Platten. Wenn die sich verkanten, gibt es einen Ruck im Gestein, der Schockwellen aussendet. Diese Schockwellen können gemessen werden. Die Messskala dafür, die Mercalli-Skala, ist in 12 Grade unterteilt. Sie zeigt an, wie sehr die Erde bei einem Erdbeben erschüttert wird. Bei Stärke 1 ist noch nichts zu spüren, aber bei Stärke 4 und 5 kann schon einiges zerstört werden. Bei 12 gäbe es die vollständige Zerstörung.

Die Stelle in der Erde, an der ein Erdbeben beginnt, heißt Herd. Direkt über dem Herd an der Erdoberfläche befindet sich das Epizentrum. Hier ist das Erdbeben gewöhnlich am stärksten. Erdbeben unter dem Meer können riesige zerstörerische Wellen, man nennt sie Tsunamis, mit einer Höhe von über 35 m auslösen, die sich so schnell wie ein Düsenjet weiterbewegen.

Wörteranzahl: 149

Kennzeichen für die Schärfung
- ist die Schreibung mit Doppelkonsonanten: **erschüttert**
- ist die Schreibung von ck: **Ruck**

In einigen Fremdwörtern finden wir nach einem kurzen Vokal statt des ck nur ein k: **direkt**

Die Konjunktion **dass** wird immer mit ss geschrieben.

Wortbildung
Treffen drei Konsonanten aufeinander, bleiben alle erhalten: **Messskala**

Haben alle Pflanzen etwas gemeinsam?

Pflanzen wachsen überall auf der Erde, wo es Luft, Licht und Wasser gibt. Du findest sie in den eiskalten Gebieten der Arktis ebenso wie in den sonnenreichen Gebieten der Tropen, in feuchtwarmen Regenwäldern und in staubtrockenen Wüsten.

Die Pflanzen, so verschieden sie auch sein mögen, haben mehr gemeinsam als du denkst. So stellen sie alle die Nahrung, die sie zum Leben brauchen, selbst her. Dazu haben sie Blätter, Stämme und Wurzeln. Das ist nicht immer deutlich zu erkennen. So sind z. B. die Blätter vieler Kakteenarten zu spitzen Dornen umgewandelt, die vor hungrigen Tieren schützen.

Gewöhnlich wachsen Pflanzen im Boden, aber es gibt auch viele Pflanzen, die keine Erde brauchen. Diese wachsen auf Bäumen, wo sie sich in irgendeiner Form festklammern. Sehr viele Pflanzen bilden mithilfe ihrer Blüten Früchte mit Samen, aber es gibt auch Pflanzen, die keine Blüten haben, wie z. B. die Farne, Moose, Algen und Flechten.

Wörteranzahl: 149

Gleichrangige, nebengeordnete Adjektive werden zusammengeschrieben: **eiskalt, feuchtwarm, staubtrocken**

Verbindungen mit irgend- werden zusammengeschrieben: **irgendeiner**

Kennzeichen für die Dehnung ist die Schreibung mit Doppelvokalen: **Kakteenarten, Moose**

Beachte die zwei möglichen Schreibweisen bei: **mithilfe, mit Hilfe**

Das Saxophon

In den Jahren 1840/41 baute Adolphe Sax das nach ihm benannte Saxophon. Sein Klang ist volltönend und angenehm. Das Saxophon hat in der traditionellen klassischen Musik nie so richtig seinen Platz gefunden. Dafür hat es aber einen festen Platz im Jazz und in der Tanz- und Unterhaltungsmusik erobert. Es wird in acht verschiedenen Größen gebaut.

Adolphe Sax hat wie alle Instrumentenbauer versucht, seinem Instrument die größtmögliche Klangschönheit und auch eine angenehme äußere Form zu verleihen. Gute Instrumentenbauer fertigen musikalisches Gerät niemals wie simple Gebrauchsgegenstände. Den Besten von ihnen gelingt es sogar, den Instrumenten etwas mitzugeben, das man ihre Seele nennt. Denn, wie sagte Johann Mattheson, Musikinstrumente sind zweifellos mehr als „dasjenige, was der Löffel bei der Suppe ist".

Es gibt Instrumente, denen haftet etwas Altes, Museales an, andere umgibt der Hauch fremder Kulturen. Das Saxophon dagegen wird geprägt vom Jazz und der Tanzmusik eigenen Atmosphäre.

Wörteranzahl: 145

Zusammenschreibung
- von Adjektiven, bei denen ein Teil nicht selbstständig stehen kann: **größtmögliche**
- von Substantiven: **Instrumentenbauer, Klangschönheit**

Großschreibung
von Adjektiven nach Artikeln und unbestimmten Zahlwörtern:
den Besten, etwas Altes

Fremdwörter
- in vielen Fremdwörtern wird das lange i nicht gekennzeichnet: **Musik**
- in vielen Fremdwörtern wird der f-Laut als ph geschrieben: **Atmosphäre, Saxophon**
- Fremdwörter mit zz: **Jazz**

Zu den ks-Lauten, die alle gleich klingen, obwohl sie verschieden geschrieben werden, gehört das x: **Saxophon**

Violinen

Die Violine, auch Geige genannt, ist wohl das bekannteste aller Instrumente der westlichen Orchester. Sie ist das kleinste Mitglied der Familie der Streichinstrumente, zu denen die Viola, das Violoncello und der Kontrabass gehören. Sie ist um 1550 entstanden. Die Einzelheiten dieser Entwicklung sind unbekannt. Sicher ist aber, dass auch schon die ersten Violinen vier Saiten, Seitenwirbel, eingebuchtete Zargen und F-förmige Schalllöcher hatten. Sie unterschieden sich kaum von den heutigen Violinen.

Im 16. Jahrhundert setzte in Italien ein intensiver Geigenbau ein, der unter Stradivari und Guarneri seine Blüte erlebte. Während die um 1700 gebauten Geigenbögen unelastisch und kurz waren, waren sie 50 Jahre später schon länger und biegsamer. Im 19. Jahrhundert wurde erstmals der Bogen gebaut, der auch noch heute verwendet wird. Er hat einen nach innen gebogenen Stock, um das Gleichgewicht zu wahren. Der Wunsch nach einem volleren und glänzenderen Ton führte im 18. und 19. Jahrhundert zu weiteren Verbesserungen.

Wörteranzahl: 150

In vielen Fremdwörtern wird das lange i nicht gekennzeichnet:
Violine, intensiv

Das v wird manchmal als f, manchmal (wenn das Wort aus einer fremden, meistens der lateinischen, Sprache kommt) als w gesprochen:
vier, Violine, intensiver

Es gibt nur wenige Wörter mit ai: **Saite**

Wortbildung
Wegen des Stammprinzips bleiben drei aufeinandertreffende Konsonanten erhalten: **Schalllöcher**

Die Konjunktion **dass** wird immer mit ss geschrieben

Schokolade, Schokolade

Hast du gewusst, dass Schokolade Stoffe enthält, die wie Haschisch wirken? Du müsstest jedoch rund 200 Tafeln essen, damit du in einen Rauschzustand verfällst. Einen solchen übermäßigen Schokoladengenuss überlebt nicht einmal die größte Naschkatze ohne Übelkeit.

Aber sicherlich hast auch du schon erlebt, dass Schokolade bei schlechter Laune die Stimmung hebt. Das ist darauf zurückzuführen, dass der Körper bei Schokolodengenuss ein bestimmtes Hormon ausschüttet. Dieses Hormon sorgt für Glücksgefühle. Allerdings ist Vorsicht geboten, denn die dunkelbraune Süßigkeit macht bekanntlich auch dick. Einige Kilo Übergewicht führen schnell zu noch schlechterer Laune.

Schon vor 1500 Jahren begeisterten sich übrigens die Maya für Schokolade. Damals kannte man die zartbittere Leckerei aber nur als Trinkschokolade. Erst vor 150 Jahren hat man entdeckt, dass Schokolade fest wird und Biss bekommt, wenn man Kakaopulver mit Zucker und Kakaobutter mischt. Die Schokoladentafel war erfunden.

Wörteranzahl: 137

Der s-Laut
- Nach langem Vokal oder Doppellaut (Diphthong) schreibt man das stimmlose (gezischte) s als „ß“: **Süßigkeit**
- Nach kurzem, betontem Vokal schreibt man das stimmlose (gezischte) s als „ss“: **flüssig**

Die Konjunktion **dass** wird immer mit ss geschrieben.

Zusammenschreibung
bei Verbindungen aus zwei gleichwertigen Adjektiven: **dunkelbraune, zartbittere**

Komma
Nebensätze mit Konjunktionen „da“, „weil“, „wenn“, „denn“, „damit“ oder Relativsätze werden vom Hauptsatz durch Komma getrennt:
… **bekommt, wenn** man Kakaopulver …; … Schokolade Stoffe **enthält, die** …

Warum ist unser Sparschwein ein Schwein?

Eigentlich könnten wir unsere Geldstücke auch in eine hohle Porzellankuh, eine Katze oder einen Hund stecken. Stattdessen füttern wir rosa Schweinebäuche mit unseren gesparten Münzen.

Schon mindestens seit dem 17. Jahrhundert soll es in Deutschland üblich sein, ein Glücksschwein als Sparbüchse zu verwenden. Es gibt vereinzelt sogar Funde von Spardosen in Schweineform aus dem 13. Jahrhundert. Vermutlich liegt es an der besonderen Fruchtbarkeit von Schweinen, dass ausgerechnet sie zum beliebtesten Spardosenmotiv wurden. Eine Sau wirft in der Regel neun bis fünfzehn Ferkel pro Wurf. Abgesehen davon, dass man das Schweinefleisch verzehren konnte, verhieß der Verkauf der Ferkel ein gutes Geschäft. Ein Schwein füllte knurrende Mägen und ließ gleich ein paar Geldstücke mehr im Geldbeutel klingeln.

Da war es nur noch ein kurzer Schritt, die Spardose nach diesem Reichtum schenkenden und somit Glück verheißenden Tier zu formen.

Wörteranzahl: 136

Kennzeichen für die Dehnung
- ie: **beliebtesten**
- Dehnungs-h: **hohle Porzellankuh**

Getrenntschreibung
bei nicht verblasstem Substantiv und Verb: **Glück verheißenden**

s-Laut
Nach langem Vokal oder Doppellaut (Diphthong) schreibt man das stimmlose (gezischte) s als „ß“: **verhieß, ließ**

Die Konjunktion **dass** wird immer mit ss geschrieben.

Komma
Das Komma beim erweiterten Infinitiv mit „zu“ muss gesetzt werden, wenn die Infinitivgruppe mit „die“ eingeleitet wird.

Lehrer im antiken Rom

Heutzutage sind Lehrer Beamte und werden vom Staat bezahlt. Das war nicht immer so. Im antiken Rom waren Lehrer meistens freigelassene griechische Sklaven mit weniger Rechten als normale römische Bürger.

Obwohl sie sehr gebildet waren, blieben sie für die Römer im Großen und Ganzen Angehörige eines Untertanenvolkes. Weil die Lehrer im Allgemeinen für jeden Schüler nur einen Hungerlohn bekamen, mussten sie viele Schüler unterrichten. Der Unterricht begann morgens und endete spätnachmittags. Bücher hatte ein römischer Schüler nicht, sondern nur der Lehrer. Er trug die Texte vor und die Schüler mussten sie auswendig lernen.

Wenn ein junger Römer eine Karriere als Feldherr, Politiker oder Rechtsanwalt machen sollte, musste er frei reden können. Deshalb schickten die Eltern ihre 16-jährigen Söhne nach der Grundausbildung auf eine Rhetorikschule. Dort übten sie, wie man Reden hielt.

Wörteranzahl: 131

Getrenntschreibung von Verbindungen aus Adverb und Verb:
auswendig lernen

Großschreibung von substantivierten Adjektiven nach Präposition:
im Allgemeinen

Beachte die unterschiedliche Bedeutung:
frei lassen (= den Platz)
freilassen (= aus der Haft)

Man schreibt Tageszeiten klein, wenn sie als Adverb gebraucht werden:
morgens, abends, spätnachmittags

Allergien

Jedes Frühjahr beginnt für viele Menschen ein Problem, das Jung und Alt betrifft und unterschiedlich ausgeprägt ist: eine Allergie auf Pollen. Da gibt es Blütenpollen von Haselnusssträuchern, Bäumen, Gräsern, Getreide oder Blumen.

Sobald dieser Pollenstaub zu fliegen beginnt, reagieren die Atemwege der betroffenen Menschen darauf. Wer nicht weiß, dass er eine Allergie hat, glaubt zuerst, er sei erkältet. Wenn aber der Schnupfen oder Husten nicht mehr aufhört, stellt der Arzt oft fest, dass es sich um einen „Heuschnupfen" handelt. Das ist eine übermäßige Reaktion unseres Körpers auf die Pollen.

Leider gibt es auch allergische Reaktionen auf andere Stoffe: Manche Menschen dürfen zum Beispiel kein frisches Obst essen, sondern müssen Äpfel, Kirschen, Birnen oder Erdbeeren in Form von Kompott zu sich nehmen.

Ebenso können Metalle Reaktionen auslösen, wenn sie mit der Haut in Berührung kommen, etwa nickelhaltige Knöpfe oder Ohrstecker.

Im Großen und Ganzen ist jedoch die Pollenallergie am weitesten verbreitet.

Wörteranzahl: 150

Großschreibung
Bei Redewendungen als Paarformeln: **Jung und Alt, im Großen und Ganzen**

Komma
Zwischen Aufzählungen steht ein Komma: **Äpfel, Kirschen, Birnen oder Erdbeeren**

Komma zwischen Hauptsatz und Nebensatz mit der Konjunktion „dass": Wer nicht weiß**, dass** …

Der s-Laut
Der Artikel „das" und das Relativ- oder Demonstrativpronomen „das" werden mit einem einfachen „s" geschrieben: …, **das** Jung und Alt betrifft …; **Das** ist eine übermäßige Reaktion …

Berufsorientierung

Wenn ich nur wüsste, wo ich mein Praktikum zur Berufsorientierung ableisten soll. Ich bin gerade vierzehn Jahre alt und muss schon überlegen, welcher Beruf für mich infrage kommt. Auch meine Freunde wissen noch nicht, in welchem Betrieb sie sich für ein Praktikum bewerben sollen.

Ich wohne in einer kleinen Stadt, die zwar ein paar Industriebetriebe hat, aber ob für mich das Passende dabei ist?

Am liebsten würde ich etwas Handwerkliches oder etwas Technisches machen. Zum Verkaufen und zum Arbeiten im Büro oder auf der Bank eigne ich mich bestimmt nicht. Mathe und Deutsch liegen mir nämlich nicht besonders.

Ich werde im Elektrogeschäft anfragen. Natürlich könnte ich auch in die Schreinerei gehen oder zum Installateur. Aber ob ich einen dieser Berufe lernen will? Zur Beantwortung dieser Frage müsste ich in mehreren Betrieben arbeiten, was wiederum nicht möglich ist. Ein Gutes hat dieses Praktikum aber: Ich mache mir Gedanken über meine Fähigkeiten.

Wörteranzahl: 150

Großschreibung
- von substantivierten Adjektiven: **das Passende, etwas Technisches, ein Gutes**
- von substantivierten Verben: **zum Arbeiten**

Zwei Schreibweisen hat: **infrage kommen, in Frage kommen**

Komma
- Komma zwischen Hauptsatz und Relativsatz: … einer kleinen Stadt, **die** zwar … hat,
- Komma beim indirekten Fragesatz, eingeleitet durch: **in welchem**

Urlaubspläne

Marie möchte in diesem Jahr zum ersten Mal alleine in den Urlaub fahren. Ihre Freundinnen Sabrina und Lena haben beide schon gute Erfahrungen damit gemacht. Lena war sogar schon zweimal ohne ihre Familie verreist.

Maries Eltern sind nicht begeistert davon. Deshalb überlegen sich die drei Freundinnen gute Argumente, um sie zu überzeugen.

In erster Linie lernen junge Menschen Selbstständigkeit, wenn sie ohne die Familie Urlaub machen. Sie müssen für eine bestimmte Zeit die Verantwortung alleine tragen und können somit zeigen, ob sie verantwortungsbewusst handeln.

Als Zweites ist zu erwähnen, dass Jugendliche ihre Freizeit sehr gerne mit Gleichaltrigen verbringen. Sie hören dieselbe Musik, haben ähnliche Freizeitbeschäftigungen und amüsieren sich am liebsten gemeinsam in der Gruppe.

Maries Eltern könnten drittens ihren Urlaub eine Zeit lang ohne Kinder genießen. Es wäre auch schön, zuerst getrennt und dann noch gemeinsam Ferien zu haben. So kämen alle auf ihre Kosten.

Ob Maries Eltern wohl einverstanden sind?

Wörteranzahl: 151

Kennzeichen für die Dehnung
- Dehnungs-h: **fahren, ähnlich**
- ie: **genießen, die, dieselbe**

Kennzeichen für die Schärfung
- Doppelkonsonant: **Freundinnen**

Großschreibung
- von Ordnungszahlen: **als Zweites**

Kleinschreibung
- von adjektivisch und adverbial gebrauchten Zahlwörtern: **zum ersten Mal, zuerst**

Reisen früher und heute

Wer heute verreisen möchte, dem steht die Welt offen. Fast jedes Ziel der Erde kann erreicht werden. Wir können sogar jeden Morgen in einem anderen Land aufwachen, denn die entsprechenden Verkehrsmittel wie Flugzeug, Schiff, Bahn oder Bus stehen uns ständig zur Verfügung. Der einzige Grund uns einzuschränken ist wahrscheinlich unser Geldbeutel.

Nicht immer konnte man unbeschränkt reisen. Bevor es unsere modernen Verkehrsmittel gab, reisten die Menschen mit Kutschen, Schiffen oder sogar zu Fuß. Man stand frühmorgens auf und wanderte bis zum Abend – und dies mehrere Tage lang. Schiffsreisen dauerten oft tage- und wochenlang und waren sehr abenteuerlich.

Auch die Reiseziele lagen wesentlich näher. Die Menschen wussten längst nicht zu jeder Zeit, dass die Erde rund ist und aus verschiedenen Kontinenten und Meeren besteht.

Inzwischen können wir mit dem Computer virtuelle Reisen unternehmen und jederzeit überall hinreisen, ohne uns auch nur einen Schritt weit zu bewegen. Na, dann gute Reise!

Wörteranzahl: 149

Großschreibung
- von Tageszeiten bei Verwendung als Substantiv: jeden **Morgen**

Kleinschreibung
- von Tageszeiten bei Verwendung als Adverb: **morgens**

Beachte: Unterschiedliche Schreibweise von
mehrere **Tage lang** und **tagelang**; **zu jeder Zeit** und **jederzeit**

Bello

Bello ist mein Name, Zwergpinscher im besten Alter. Ich habe ein richtig gutes Leben. Dösend im Körbchen liegen, die Nachbarkatzen auf Trab halten und jeden Tag mehrmals Ausgang mit meinem Herrchen. Was will man mehr?

Apropos Herrchen, das ist ein armer Tropf. 15 Jahre alt, Schüler und Stress hat der. Ich bekomme das immer mit. Eltern, Hausaufgaben, Pickel und seine Freundin ist nicht gerade pflegeleicht, aber man will oder soll nicht aus dem Nähkästchen plaudern.

Um eines muss ich ihn aber beneiden. Er kann einfach die Kühlschranktür öffnen und ich, ich armer Hund, muss meinen treudoofen Blick aufsetzen, ein bisschen mit dem Schwanz wackeln und ein wehleidiges, ohrenbetäubendes Jaulen anstimmen, bevor er sich bequemt, mir die Kühlschranktür zu öffnen.

Und wie kann man einen Hund nur Bello nennen. Klischeehafter geht es wohl nicht. Auch als Hund hat man es nicht immer leicht. Ich will mich nicht beklagen, aber stell dir mal vor, man würde dir: „Bello, mach Männchen!“ zurufen, dann machst du Männchen und das alles nur wegen dieser Wurst aus dem Kühlschrank, die übrigens hervorragend schmeckt.

Wörteranzahl: 177

Kennzeichen für die Dehnung
Dehnungs-h: **mehrmals, mehr, Nähkästchen, ihn, wehleidig, Kühlschrank, geht, wohl**

Zusammenschreibung
- Verbindungen aus Substantiv und Adjektiv ohne Artikel und Präposition: **pflegeleicht, wehleidig, ohrenbetäubend**
- Verbindung aus zwei gleichrangigen Adjektiven: **treudoof**

Nach kurzem, betontem Vokal schreibt man das stimmlose s als „ss“: **Stress, muss, bisschen**

Schwierige Fremdwörter: **Klischee**

Die Entwicklung der Uhr

Uhren, die auf die Tausendstel Sekunde genau gehen, sind heute selbstverständlich. Gemessen wurde die Zeit schon bei den Babyloniern und Ägyptern vor 5 000 Jahren. Mit Sonnenuhren teilte man die Stunden des Tages ein. Nachts verwendete man Wasseruhren. Meist waren dies Becken mit einem kleinen Loch. Je mehr der Wasserspiegel fiel, desto mehr Stunden waren vergangen.

Bis zu einer genaueren Zeiteinteilung vergingen noch viele Jahre. Die erste von einem Gewicht angetriebene Räderuhr wurde 1283 in England gebaut. Kleine Stand- und Tischuhren gibt es seit dem 15. Jahrhundert. 1656 wurde in Holland die erste Pendeluhr gefertigt, die mit einer Genauigkeit von einer Minute in der Woche maß. Die Erfindung der Spiralfeder-Unruh 1657 ermöglichte tragbare Pendeluhren.

Die folgenden Jahrhunderte brachten durch Verfeinerungen bei den Materialien kleine technische Verbesserungen und dadurch immer exaktere Uhren.

Elektrische Uhren gibt es seit der Mitte des 19. Jahrhunderts, aber erst um 1920 verbreiteten sie sich. Bei Quarzuhren wird die klassische, mechanische Uhrenunruh durch einen transistorgesteuerten Oszillator ersetzt. In den 1930er Jahren erfunden, stellte man sie in großer Stückzahl seit Ende der 1960er Jahre her.

Atomuhren mit allerhöchster Genauigkeit gibt es seit 1948.

Wörteranzahl: 184

Kennzeichen für die Dehnung
Dehnungs-h: **Uhren, gehen, mehr, Jahre, Jahrhundert, Unruh**

Der s-Laut
- Nach langem Vokal oder Doppellaut (Diphthong) schreibt man das stimmlose s als „ß“: **maß, groß**
- Nach kurzem, betontem Vokal schreibt man das stimmlose s als „ss“: **messen, Wasser, Verbesserungen, klassisch**

Schwierige Eigennamen und Fremdwörter: **Babylonier, Ägypter, Quarz, transistorgesteuerter Oszillator**

Megalithen und Menhire

Die steinernen Zeugen der Jungsteinzeit, die um 6000 vor Christus begann, findet man von Spanien bis nach Skandinavien. Megalithen sind ganze Bauwerke mit Seiten- und Dachblöcken, Menhire oft einzeln stehende Steine, die bis zu 12 m hoch sind.

Wozu sie dienten, ist bis heute noch nicht genau erforscht. Bei der Steinkreisanlage von Stonehenge in Südengland und den Steinreihen im bretonischen Carnac vermutet man frühe Observatorien zur Himmelsbeobachtung.

Die Megalithen hatten eher einen religiösen Hintergrund, da sie oft als Grabkammern genutzt wurden.

Die Felsblöcke wurden mit wassergetränkten, quellenden Holzkeilen aus einer Felswand gesprengt. Für den Transport legte man die bis zu 50 Tonnen schweren Felsblöcke auf Baumstämme und zog sie mit Seilen. Am schwierigsten war das Aufrichten der großen Felsblöcke. Sie wurden auf einer schrägen Rampe immer höhergezogen. Am Ende der Rampe rutschten die Steine, wenn alles gut ging, in ein Erdloch und blieben stehen.

Neben der technischen Meisterleistung ist auch das organisatorische Geschick dieser frühen Zivilisation zu bewundern. In der Jungsteinzeit mussten die Menschen täglich um die Nahrung kämpfen. Wie war es da möglich, sehr viele Menschen vom Jagen und Sammeln freizustellen, damit sie Steinbauwerke errichten konnten?

Wörteranzahl: 187

Kennzeichen für die Dehnung
Dehnungs-h: **stehend, Steinreihen, frühe, eher, höher, Nahrung**

Großschreibung
von substantivierten Verben: **das Aufrichten, vom (= von dem) Jagen und Sammeln**

Schwierige Eigennamen und Fremdwörter: **Megalithen, Menhire, Stonehenge, Carnac, Observatorien**

Lernen im Schlaf

Hippocampus an Cortex: „Nach einem kurzen, betonten Vokal wird das scharfe stimmlose s zu ss, wie bei Fluss, nach langem Vokal schreibt man ß wie bei Fuß."

Ganz schön anstrengend ist es hier im Gehirn einer Schülerin! Sie schläft und ich erledige die Lernarbeit. Oh, Entschuldigung, Hippocampus ist mein Name. Meine Aufgabe ist es, dem Langzeitspeicher in der Großhirnrinde, auch Cortex genannt, zu sagen, was gespeichert werden soll.

Tagsüber habe ich dazu keine Zeit, weil immer neue Eindrücke im Kurzzeitgedächtnis eintreffen. Im Schlaf, wenn nichts Neues ankommt, kann ich als Brücke zwischen Kurz- und Langzeitgedächtnis aktiv werden. Ich erzähle dem Cortex immer und immer wieder, was er sich merken soll.

Und woher weiß ich, welche Eindrücke gespeichert werden sollen? Es sind die ganz interessanten Dinge wie Klatsch und Tratsch und das, was sehr oft wiederholt wird.

Man lernt also wirklich im Schlaf, aber der Trick mit dem Buch unter dem Kopfkissen funktioniert nicht. Es kann nur das gespeichert werden, was man tagsüber gelernt hat. Aber ich habe auch eine gute Nachricht. Es genügt, regelmäßig kurz und konzentriert zu lernen. Die langen Pauksitzungen vor einer Klassenarbeit bringen nur wenig, weil fast alles im Kurzzeitgedächtnis bleibt und wieder vergessen wird.

Wörteranzahl: 198

Großschreibung
von Adjektiven nach unbestimmten Mengenangaben: **nichts Neues**

s-Laut
Nach langem Vokal oder Doppellaut (Diphthong) schreibt man das stimmlose s als „ß": **Fuß, Großhirnrinde, weiß, regelmäßig**

Nach kurzem, betontem Vokal schreibt man das stimmlose s als „ss": **Fluss, interessant, Kopfkissen, Klassenarbeit, vergessen**

Schwierige Fremdwörter: **Hippocampus, Cortex**

Rätselhaftes Atlantis

Schon immer hat das Schicksal der untergegangenen Stadt Atlantis die Fantasie der Menschen entfacht.

Einerseits scheint es unglaublich, dass es vor über zehntausend Jahren eine große, prächtige und bestens organisierte Stadt gegeben haben soll, in der alle Menschen ohne Not und Sorgen lebten. Andererseits beschreibt der Philosoph Plato das Leben in Atlantis so anschaulich, dass man nicht an eine Erfindung glauben mag. Kein Wunder, dass sich viele Schatzsucher und Abenteurer auf den Weg machten, um Spuren dieser Traumstadt, die angeblich auf schroffen Felsen über das Meer ragte, Dächer aus Gold und Zimmerdecken aus Elfenbein aufwies, zu finden.

Aber wenn auch so manche Expedition im Atlantik oder im Mittelmeer ergiebige Funde zutage gebracht haben, so hat man die versunkene Stadt noch nicht entdeckt. Manche Forscher glauben, dass Atlantis im geheimnisvollen Bermuda-Dreieck lag und beweisen dies mit Fotografien von Überresten massiver Straßen auf dem Meeresboden. Konnte eine Naturkatastrophe wie zum Beispiel ein Meteoriteneinschlag oder ein Vulkanausbruch einen ganzen Staat so gänzlich auslöschen?

Aber vielleicht handelt sich bei dem Bericht über Atlantis auch nur um eine Sage, die von menschlichen Begierden, Stolz und Untergang erzählt.

Wörteranzahl: 182

Fremdwörter
Während manche Fremdwörter mit ph oder f geschrieben werden können (Phantasie/Fantasie, Photographie/Fotografie), bleibt ph in anderen erhalten: **Philosoph, Katastrophe**

In vielen Fremdwörtern wird das lange i nicht gekennzeichnet: **massiv, Meterorit, Expedition**

Die Endsilbe -ie oder -ieren wird jedoch mit ie geschrieben: **Fantasie, organisieren, Fotografie**

Bei Infinitivsätzen, die mit „um" eingeleitet werden, muss ein Komma gesetzt werden.

Beachte: zwei gültige Schreibweisen von **zutage/zu Tage**

Wie kommt es zu Allergien?

Wer im Frühjahr ununterbrochen niesen muss oder mit roten Augen herumläuft, hat möglicherweise eine Allergie gegen Blütenpollen. Eine solche krankhafte Erscheinung wird ausgelöst, wenn das Immunsystem verrückt spielt.

Dieser segensreiche Schutzschild unseres Körpers hat eigentlich die Aufgabe, uns vor Krankheiten zu bewahren. Ob es nun gefährliche Viren oder fiese Bakterien sind, – in unserer Umgebung wimmelt es geradezu von diesen Feinden. Aber wie Detektive wandern ständig weiße Blutkörperchen durch die Adern und spüren diese Eindringlinge auf. Dann werden sie attackiert und unschädlich gemacht.

Bei einem allergiekranken Menschen allerdings schlägt das Immunsystem auch bei harmlosen Begegnungen höchsten Alarm: Unscheinbare Katzenhaare, alltägliche Chemikalien oder sogar Münzen können Atemnot und Juckreiz verursachen.

Dass Allergien in letzter Zeit häufiger werden, kann durchaus daran liegen, dass es bei uns zu sauber zugeht und zu viele Desinfektionsmittel verwendet werden. Dann hat das Immunsystem gewissermaßen zu wenig zu tun, langweilt sich und wird bei der kleinsten Gelegenheit aktiv.

Wenn Kinder im Dreck spielen und sich so richtig schmutzig machen dürfen, wird die Immunabwehr trainiert und verhält sich vernünftig. So kommt es, dass auf Bauernhöfen oder in ärmeren Ländern die Menschen viel häufiger ein allergiefreies Leben genießen können.

Wörteranzahl: 189

In vielen Fremdwörtern findet man trotz Schärfung kein ck, sondern nur ein k: **Bakterien, Detektive, Chemikalie, aktiv, Desinfektion**

Folgt nach einem Doppelpunkt ein ganzer Satz, wird das erste Wort großgeschrieben: **Unscheinbare** Katzenhaare können … verursachen.

Beachte: Unterscheidung von **niesen** und **genießen**

Ich weiß, dass ich nichts weiß

Obwohl von Sokrates selbst keine philosophischen Schriften überliefert sind, gilt er vielen als der bekannteste Philosoph überhaupt. Er wurde in Athen um 470 vor Christus geboren, wo er auch ungefähr im Jahre 399 starb. Er war der Sohn eines Steinmetzes und einer Hebamme, verheiratet war er mit Xanthippe. Sokrates war der Lehrer Platons, dem neben Sokrates vielleicht bedeutendsten Philosophen der griechischen Antike.

Im Mittelpunkt der Lehre des Sokrates steht der Versuch, das menschliche Handeln auf die Grundsätze der Vernunft zu gründen. Aufgrund dieser Ansicht sollte nach Sokrates das Denken und Handeln eines jeden Menschen zweifelsohne vernünftig und nachvollziehbar mit guten Argumenten begründet werden können. Sokrates war nämlich der Auffassung, dass nur begründetes Wissen ein gutes und gerechtes Handeln nach sich zieht.

Im philosophischen Gespräch mit seinen Diskussionspartnern über ethische und andere Themen deckte Sokrates sehr oft vermeintliches Wissen als unbegründete Meinung auf. Er machte seinen Gesprächspartnern durch eine besondere Gesprächstechnik klar, dass der Mensch weniger über sich selbst weiß, als er zuweilen denkt. Im Sinne eines delphischen Orakelspruchs, dass niemand weiser sei als Sokrates, schlussfolgerte Sokrates, insofern weiser zu sein als die selbstsicheren anderen Menschen, da wenigstens er klar zu erkennen glaubte, dass er nichts wisse.

Wörteranzahl: 196

Zusammenschreibung
von Wortverbindungen mit verblasstem Substantiv: **schlussfolgern**

Die Konjunktion **dass** schreibt man immer mit ss:
Sokrates war nämlich der Auffassung, **dass** …

s-Laut
- nach langem Vokal oder Diphthong schreibt man das stimmlose s als „ß“: **weiß**
- nach kurzem, betontem Vokal schreibt man das stimmlose s als „ss“: **wisse**

Schwierige Fremdwörter: **Philosoph, Philosophie, Delphi**

Fußball als Religionsersatz?

Fußball ist nicht nur ein bedeutender Wirtschaftsfaktor, sondern für viele auch zu einer Ersatzreligion geworden. Wenn man genau hinsieht, erkennt man, dass der moderne Fußballsport eine Fülle archaischer und religiöser Züge trägt: Der Stadionbesuch ist eine ritualisierte Inszenierung mit Volksfestcharakter. Massen von Fußballfans pilgern Woche für Woche zu Fußballspielen und unternehmen regelrechte Wallfahrten. In den Stadien werden weihevolle Gesänge und Choräle angestimmt. Es ist vom heiligen Rasen die Rede und von Kabinenpredigten.

Merchandising ist neben den Sponsorengeldern und den Geldern für Fernsehübertragungen die wichtigste Einnahmequelle der Fußballvereine. Fanartikel wie Bett- und Unterwäsche, Fahnen und Schals des jeweiligen Lieblingsvereins erfreuen sich nicht nur bei hartgesottenen Fans höchster Beliebtheit. Die Verehrung scheint keine Grenzen zu kennen.

Auch die Spieler und Kommentatoren verhalten sich entsprechend. Viele bekreuzigen sich nach einem Torerfolg und auch die Fußballreporter bedienen sich zweifelsohne in ihren Kommentaren der Sprache der Religion und religiöser Metaphern: „Er erlöste die Mannschaft durch das Tor."

Wörteranzahl: 152

Bindestrich
zur Einsparung gemeinsamer Wortbestandteile: **Bett- und Unterwäsche**

Zusammenschreibung
von Adverbien, Konjunktionen und Pronomen, wenn die einzelnen Teile nicht mehr selbstständig stehen können: **zweifelsohne**

Nach langem, betontem Vokal oder Diphthong schreibt man das stimmlose s als „ß": **Fußball**

Schwierige Fremdwörter: **archaisch, religiös, ritualisiert, Choral, Merchandising, Kabinenpredigt, Metapher**

Vornehme Blässe statt verbrannter Haut

Während bis vor wenigen Jahren ein gebräunter Körper als Inbegriff der Schönheit galt und die Sonnenstudios nur so boomten, galt etwa im Mittelalter eine möglichst blasse Gesichtsfarbe als schön. Denn nur, wer nicht auf den Feldern arbeiten musste, konnte es sich leisten, die Sonne zu meiden und dokumentierte damit, dem höheren Stand anzugehören. Wer blass war, war reich und konnte sich damit als Angehöriger der Oberschicht ausweisen – je blasser, desto reicher und damit schöner, das war die Devise im Mittelalter. Und auch während der Renaissance versteckten die Frauen ihr Gesicht hinter dicken Puderschichten und gingen nie ohne Schleier oder Sonnenschirm außer Haus. In der Spätromantik tranken Frauen sogar Essig oder durchwachten die ganze Nacht, nur um blass und interessant auszusehen.

Mittlerweile hat es sich aber herumgesprochen, dass ausgiebiges Sonnenschmoren durchaus gefährlich sein kann, das Ozonloch lässt grüßen. In Australien und den USA werben Hersteller von Sonnenmilch nicht mehr mit allzu braun gebrannten Menschen. Stattdessen zieren blasse Models die Anzeigen. Kaum noch erlebt man es, dass man nach dem Urlaub den Satz zu hören bekommt: „Bist du aber schön braun geworden. Gesund siehst du aus."

Wörteranzahl: 184

Großschreibung
von substantivierten Verben und Adjektiven: **Sonnenschmoren**

s-Laut
- nach kurzem, betontem Vokal schreibt man das stimmlose s als „ss": **blass, interessant**
- nach langem Vokal oder Diphthong schreibt man das stimmlose s als „ß": **außer**

„das" ist entweder Artikel, Relativ- oder Demonstrativpronomen:
... desto reicher und damit schöner, **das** war die Devise im Mittelalter ...

Schwierige Fremdwörter: **boomen, Renaissance**

Flohmarkt

Wenn der Keller von ausgedienten Ritterburgen, zerfledderten Büchern oder ungeliebten Geschenken überzuquellen droht, wird es wieder einmal Zeit für den Flohmarkt.

Früh am Morgen, wenn es noch dämmert, muss man sich dort einfinden, um noch einen günstigen Standplatz für den aufgeklappten Tapeziertisch zu finden, auf dem die Kostbarkeiten nun ausgebreitet werden. Schon tauchen die ersten Schatzjäger auf, aber sie suchen nicht nach einer gut erhaltenen Kaffeemaschine, sondern eher nach Raritäten. Nicht selten wurde auf einem Flohmarkt das vergessene Gemälde eines bekannten Malers entdeckt.

Später drängeln sich dann die Väter und Mütter in Spendierlaune an den Ständen vorbei, denn wo kann man schon für ein paar Euro eine ganze Puppenküche erwerben oder eine gut erhaltene Ski-Ausrüstung, damit der quengelnde Nachwuchs sich wohl fühlt?

In der Mittagshitze fragt sich so mancher Händler, ob es sich noch lohnt, Schwimmflossen und Campingstühle anzupreisen, während man viel lieber jetzt selbst den Samstagnachmittag am Badesee verbringen möchte. Gut, dass sich mächtige Wolken zusammenziehen und man der quälenden Entscheidung enthoben wird, weil man vor dem Wolkenbruch rasch das restliche Sortiment nach Hause transportieren muss, wo es im bald wieder überquellenden Keller auf den nächsten Flohmarkt wartet.

Wörteranzahl: 189

Zwei Schreibweisen sind erlaubt bei: **zufrieden stellen, zufriedenstellen; wohl fühlen, wohlfühlen**

Zusammenschreibung bei Verbindungen von Wochentag und Tageszeit: **der Samstagnachmittag**

Wortbildung: **drängeln** als abgeleitetes Verb von **Drang**, im Gegensatz dazu: **quengeln**

Die Konjunktion **dass** wird immer mit „ss" geschrieben, im Gegensatz dazu: der Artikel **das**

Berühmte Hosen

Während du an diesem Diktat schreibst, ist es nicht unwahrscheinlich, dass du eine dunkel- oder blassblaue Hose aus festem Stoff mit aufgesetzten Taschen trägst. Wenn dein Beinkleid nicht vom Supermarkt stammt, ist es gut möglich, dass es mit Nieten geschmückt ist und über dem Gesäß ein Lederschild mit einem bekannten Schriftzug besitzt. Kurz gesagt: Die Chancen stehen nicht schlecht, dass du Jeans trägst, die globalen Bestseller unter den Hosen.

Ursprünglich hatte alles, was charakteristisch für dieses Kleidungsstück ist, eine klare Funktion. Der feste Stoff stammte von dem Ballen Segeltuch, den ein armer jüdischer Einwanderer aus Deutschland 1853 in den amerikanischen Westen brachte, um dort strapazierfähige Hosen für die Goldgräber zu fertigen. Daher auch die doppelten Nähte sowie die Metallnieten, die verhindern sollten, dass Taschen abrissen. Bald konnten traditionell genähte Hosen keine Konkurrenz mehr für die Neuerfindung darstellen. Der Hersteller Levi Strauss wurde ein reicher Mann.

Nach Deutschland gelangten die Jeans mit den amerikanischen Besatzungssoldaten nach dem Zweiten Weltkrieg. Aber da es bis zum Ende der 60er-Jahre Einfuhrbegrenzungen für Baumwollkleidung gab, konnte man die begehrten Hosen nur gebraucht in Armeeläden kaufen. Dass man dabei vielleicht das abgelegte Kleidungsstück eines Gefängnisinsassen erworben hatte, wussten nur die wenigsten.

Wörteranzahl: 194

Zusammenschreibung von Adjektiven, bei denen das erste die Bedeutung verstärkt: **dunkelblau, blassblau**

Großschreibung von geschichtlichen Ereignissen oder Epochen: **der Zweite Weltkrieg**

Bei Verbindungen von Zahlen mit -stel, oder -er steht der Bindestrich dahinter: **60er-Jahre**
Beachte: Auch die Schreibweise 60er Jahre ist möglich.

Die wichtigsten Rechtschreibregeln

Groß- und Kleinschreibung

Großschreibung bei:
Eigennamen: **Klaus, Europa, Indischer Ozean**
Satzanfang: **G**estern hatte ich schulfrei.
Substantive: **Haus, Mann, Frau**
Substantivierung, meist durch einen Artikel: **das Autofahren, das Laufen, beim (= bei dem) Lernen**

In Briefen können Anredepronomen an vertraute Personen klein- oder großgeschrieben werden: **du/Du, dir/Dir, euch/Euch**

Getrennt- und Zusammenschreibung

Verbindungen von Verb und Verb und Zusammensetzungen von Adverb und Verb werden in der Regel getrennt geschrieben:
lesen lernen, auswendig wissen
Bei vielen Wörtern muss man auf die unterschiedliche Bedeutung achten:
kennen lernen, aber **kennenlernen** (= Erfahrung mit etwas oder jemandem haben)

Ist das zweite Verb „bleiben" oder „lassen" kann man zusammenschreiben. Dabei erhält das Wort eine neue Bedeutung:
Jemanden **gehen lassen**, aber sich **gehenlassen**
liegen lassen, aber **liegenlassen** (= unerledigt bleiben)
sitzen bleiben, aber **sitzenbleiben** (= nicht versetzt werden)

Bei der Schreibung von Partikel und Verb muss man auf den Wortakzent achten. Liegt ein einheitlicher Wortakzent vor, schreibt man zusammen:
abhandenkommen, abwärtsfahren, aufeinanderstapeln

Wortbildung

Die Schreibweise eines Wortes richtet sich nach dem Wortstamm der Wortfamilie:
belämmert wie **Lamm**

Der s-Laut

Nach einem langen Vokal oder Doppellaut schreibt man das stimmlose s als „ß“: **Fuß, dreißig**
Nach einem kurzen, betonten Vokal schreibt man das stimmlose s als „ss“: **Fluss, Kuss, muss, lass**

Die Konjuktion dass wird mit „ss“ geschrieben: Ich glaube, **dass** er ein guter Schwimmer ist.
Der Artikel „das“ und das Relativ- und Demonstrativpronomen „das“ wird mit „s“ geschrieben: **Das** Haus, **das** ich gestern angeschaut habe, ist schön.

Dehnung – Schärfung – Zusammensetzung

Für die Dehnung gibt es im Deutschen drei Möglichkeiten:
ohne Kennzeichnung: **den, Boje**
mit h: **sehr, Bohne**
Doppelvokal: **Tee, Boot**

Schärfung wird mit Doppelkonsonant gekennzeichnet: **Porzellan, Tasse, kann, hatte**
Dabei steht „ck“ für Doppel-k und „tz“ für zwei „z“: **Schnecke, Decke, Platz**
Achtung: „ck“ darf nicht getrennt werden: **Schne-cke, De-cke**

Bei zusammengesetzten Wörtern bleiben alle Vokale oder Konsonanten erhalten. Man kann auch mit Bindestrich schreiben:
Kaffeeersatz, Kaffee-Ersatz; Seeelefant, See-Elefant; Schifffahrt, Schiff-Fahrt; Schwimmmeister, Schwimm-Meister

Silbentrennung

Einzelne Buchstaben dürfen nicht getrennt werden: **Ufer, Igel**

Fremdwörter

Bei vielen Fremdwörtern der Alltagssprache sind zwei Schreibweisen möglich: **Jogurt, Joghurt; Spagetti, Spaghetti; Foto, Photo**

Fremdwörter, die meist in Fachsprachen verwendet werden, behalten die Schreibweise der Fremdsprache: **Philosophie, Phänomen, Rhythmus**